印度神秘符号

Mysterious Signs of India

毛世昌　路亚涵　梁萍　著

兰州大学出版社

图书在版编目(CIP)数据

印度神秘符号/毛世昌,路亚涵,梁萍著.—兰州:
兰州大学出版社,2011.4
ISBN 978-7-311-03661-4

Ⅰ.①印… Ⅱ.①毛… ②路…③梁… Ⅲ.①符号—
研究—印度 Ⅳ.①B933

中国版本图书馆 CIP 数据核字(2011)第 050290 号

策划编辑　施援平
责任编辑　武素珍　施援平
装帧设计　刘　杰

书　　名　**印度神秘符号**
作　　者　毛世昌　路亚涵　梁　萍　著
出版发行　兰州大学出版社　（地址:兰州市天水南路 222 号　730000）
电　　话　0931-8912613(总编办公室)　　0931-8617156(营销中心)
　　　　　0931-8914298(读者服务部)
网　　址　http://www.onbook.com.cn
电子信箱　press@lzu.edu.cn
印　　刷　兰州奥林印刷有限责任公司
开　　本　710×1020　1/16
印　　张　12.75　(插页 8)
字　　数　186 千
版　　次　2011 年 4 月第 1 版
印　　次　2011 年 4 月第 1 次印刷
书　　号　ISBN 978-7-311-03661-4
定　　价　29.00 元

（图书若有破损、缺页、掉页可随时与本社联系）

▲ 不同人物额头上的灰记

▲ 在史诗《摩诃婆罗多》中，面对着毗湿摩等亲人，大英雄阿周那不忍心打仗，黑天奉劝他，作为刹帝利，他必须履行责任，于是阿周那奋起作战

▲ 吉祥天女拉克西米

▲ 辩才天女萨拉斯瓦蒂

▲ 勇敢、机智、忠诚的象征神猴哈奴曼

▲ 创造之神毗湿奴与吉祥天女拉克西米

▲ 神猴哈奴曼帮助罗摩打败十首魔王，解救出悉多，胜利回到阿逾陀

▲ 象征男女结合的湿婆与帕尔瓦蒂二位一体形象

▲ 吉祥天女拉克西米与象头神迦内沙、辩才天女萨拉斯瓦蒂

▲ 毗湿奴的化身、牧童黑天和情人拉达以及其他牧女调情的故事，象征人和神的结合

▲ 斩妖除魔的女神杜尔迦，她是正义、光明和力量的象征

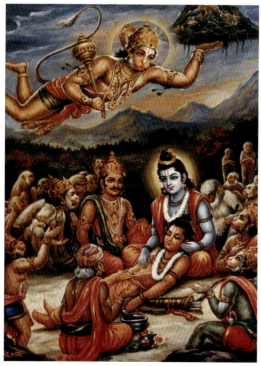

◄ 史诗《罗摩衍那》里，罗摩兄弟被十首魔王罗婆那打成重伤，神猴哈奴曼到喜马拉雅山去采药，因为不认识草药，情急之下连山搬来

▲ 苦行之神湿婆，他的头发是恒河的象征，虎皮是超越自然力的象征，身上戴的念珠象征谙熟圣典《吠陀经》

◄ 毗湿奴大神与配偶拉克西米

▶ 湿婆夫妇和
他们的儿子象头神
迦内沙

▲ 恒河——孕育生命、孕育神话、洗涤罪孽的象征

▲ 锡克教圣地——金庙

▲ 霍利节——意味着土地复苏，万象更新，万物欣欣向荣

印度神秘符号

▲ 大菩提树下——菩提树象征着觉悟，释迦牟尼就在这棵树下成佛

▲ 莲花与圣徒

▲ 象征着吉祥、喜庆、发财的灯节符号

▲ 印度教性力象征——湿婆林迦，象征生命的欢乐与制造、控制欲望后的自由

▼ 佛祖的脚——靠着这两只脚在印度传教，这两只脚象征佛教真理的艰辛传播

▲ 婆罗多舞

▲ 锡克族舞

▲ 卡达克舞

前　言

每一种宗教都包括三个最基本的要素：哲学、神话及礼仪。印度教是世界上最古老的宗教，它也毫不例外地包括了这三个基本要素。然而，现代印度教的脉搏更多的是在其礼仪平面跳动，因此，印度教被人们更多地理解为神圣的生活方式，而不是一堆学说和教义。

印度哲学的神秘是独特的，其神话充满了过去的传说，这些传说从本质上讲是古老的，但从准则上讲却是现代的。这种神秘的哲学以及《往世书》(*Puranas*)时期传说的许多方面使许多信徒产生畏惧感，但它具有象征意义的礼仪却赋予了印度哲学一种具体的外形，使得普通人都能抓住其本质。基于这点，辨喜大师很贴切地说："礼仪其实成了具体化的哲学……想起来容易，但要实际体验时，人们发现要理解抽象的概念常常非常困难，因而符号会有很大的帮助。"

这里，辨喜大师所说的"符号"主要指的是印度教中的一些神秘符号。这些神秘符号是印度文化的重要组成部分，是印度文化里一个独特的现象，也是印度文化为何显得神秘的因素之一。印度的神秘之处主要表现在印度教上，而印度教中的神秘符号就是印度神秘的一个很大的组成部分。

这些神秘符号出现在婆罗门仙人、刹帝利武士的额头上；点在印度妇女的发际和眉宇之间；刻在圣石上、庙宇里；摆在舞台上，出现在演员的化装上；甚至出现在交通工具上以及广告中。这些符号中有的是神圣而又神秘的咒语或标记，如："卍"字符号、湿婆林迦等；印度教教徒生活中随处可见的一些普通事物也具有神秘的符号意义，如：圣石、圣河及圣水等；有的具有神秘符号意义的东西则与印度教教徒所崇拜的神有关，如：吉祥的海螺、湿婆派的额头等处画的图案、檀香浆记以及毗湿奴派的 U 形灰记等;还有一些植物,它们本身就是一种符号,具有神秘的象征意义,如:印度圣树菩提树、被称为"湿婆的眼泪"的树的浆果、土尔西树、瓦塔树等等。

这些神秘符号是破解印度神秘文化的一把钥匙。印度有着各种各样丰富的文化遗产,其每种宗教有着它们自身的文化、语言及社会价值。尽管这些符号有很大的社会多样性,但它们仍然受到有着不同种姓、不同信念的虔诚的印度教教徒的顶礼膜拜。因此,人们常常把印度看做是一个有着统一的多元文化的国家。

这些神秘符号从远古时期流传下来,每种宗教的信仰者均以他们自己的方式来孕育这些符号。因而,在历史的长河中,不同的宗教赋予了这些符号不同的、特定的象征意义。难怪,不同的文献,记载也有明显的不一致之处。

因此,人们认为,印度教不仅仅是宗教,而是一种生活方式。印度教的出现不是由于说教而是发展的结果。印度教是公元前 2000 年后期随着吠陀时期到来而产生的,从那以后,印度教在神学的社会精神气质上、社会价值上以及精神准则上都经历了迅速的转变,几千年来,印度教随着吠陀知识的传播而蓬勃发展。但我们不应该把它单单看做是具有魔力和魅力的宗教教条,而是应该将它同时也看做是建立在科学基础之上且能够满足人们精神需要的东西,它具有神学哲学思想的象征。随着时间的推移,印度教有了多维性,4000 年来,在吠陀教的基础上增添了许多新思想。今天的印度教包括了教徒的整个社会、宗教及文化生活。

现代印度教充满了各种各样的标记和象征性符号,这些标记或符号从外形上看是神秘的,本质上却是具有象征意义的。如:欧姆(OM)以及前面提到的其他神秘符号,仅仅是现代印度教所有神秘符号中的一部分而已。

然而,随着时间的推移,这些符号的宗教意义和精神气质大部分已经消失了,大多数的信徒把它们仅仅当做是一种宗教信仰和惯例来崇拜,除了少数婆罗门大仙、婆罗门祭司和学者外,很少有人明白这些符号的深层象征意义,以及它们内在的哲学意味、概念思维和与精神的连接。

在印度,神秘符号无处不有,无处不见。对外国人来说,这些符号中有一些是神秘的,有一些是令人困惑的。因为在外国人看来很普通的事物却被印度教教徒虔诚地崇拜着,而且,他们的一些崇拜让外国人觉得不可思议和迷惑。可以说,破解并了解了印度教神秘符号的真正含义,也就基本了解了印度文化的神秘之处,对整个印度的某些神秘之处就会有豁然开朗、柳暗花明之感。

目 录

印度神秘符号

1 宗教盛行的国度

印度是东方的文明古国之一。远眺印度，它是雄壮美丽的，有着雄伟的地势、富饶的河川、迷人的自然风光以及独特的气候；走进印度，它是灿烂迷人的，虔诚的宗教信仰、奇特的民间习俗、悠久的历史文化，让人目不暇接、流连忘返。

毫无疑问，印度是神秘的，是独特的。

有人说："印度是个天然公园。"的确，印度地域辽阔，景色宜人，有着大面积的山脉、森林、耕地、沙漠、河流和无数的城镇；印度素有"人种博物馆"之称，人种繁多，民族众多，语言庞杂，文化绚丽多姿。印度之所以神秘，除了以上因素外，最重要的应该还是它多姿多彩的宗教。

印度是一个诸神护佑的国度，是世界宗教发祥地之一。印度的宗教和教派很多，是一个宗教极其盛行的国家，宗教在人们的生活中占有十分重要的地位。对印度人来说，宗教是一种生活方式，没有宗教就没有生活。因此，印度人信仰宗教，按宗教教义行事，从生到死的每一天、每一刻都与宗教联系在一起。

宗教是一种社会意识形态和文化现象，是人们的一种思想信仰，从广义上说，它也是一种风俗习惯。它的产生是人类历史发展的必然产物，从最初的原始图腾崇拜、万物有灵等原始宗教的形式，到后来演变成今天的宗教。在如今的印度，随着社会的发展、科学的进步以及国际影响，其社会、科学以及文化等都在发生着变化，很多印度人的宗教思想有所减少，但绝大多数人的生活还是深受宗教思想的束缚和支配，如：遇到困难时，始终认为神仙有灵，拜神能够使他们摆脱困境。

印度神秘符号

印度这个国家主要信仰的宗教包括本土宗教和外来宗教。本土宗教有4种:印度教、佛教、耆那教和锡克教;外来宗教主要有5种:伊斯兰教、基督教、琐罗亚斯德教、犹太教和大同教。

对各个宗教和宗教信仰的了解有助于我们探究各种神秘符号的内涵和象征意义,下面就这几种宗教分别作简单介绍。

1.1 本土宗教

一、印度教

印度教源于婆罗门教,也称"新婆罗门教",是世界主要宗教之一。

吠陀教是印度最古老的宗教。在雅利安人入侵印度河流域并定居后,雅利安文化与当地的达罗毗荼文化经过几个世纪的相互融合,逐渐产生了吠陀教。《梨俱吠陀》的出现标志着吠陀教的产生。而婆罗门教的前身就是吠陀教,它大约形成于公元前7世纪。

印度教庙

婆罗门教的教义强调"吠陀天启"、"祭祀万能"和"婆罗门至上"。婆罗门教认为,"吠陀"是神的启示,只要将"吠陀"理论和精神理解透彻了,就可以达到与诸神心灵相通的境界。人们崇尚自然、歌颂自然,尤其崇拜神格化的自然神梵天、毗湿奴和湿婆。婆罗门教把人分为四个种姓:婆罗门、刹帝利、吠舍和首陀罗,他们宣扬业报轮回、因果报应以及善恶差别的教理,主张"梵我一如",即解脱思想。另外,婆罗门教实行人生的四个行期:梵行期、家居期、林栖期与遁世期,教徒们必须按照每个阶段规定的义务,致力履行祭祀、祈祷、持戒及禁欲等,以求解脱。

公元前6世纪至公元前4世纪是婆罗门教的鼎盛时期,公元前4世纪以后,由于佛教和耆那教的发展,婆罗门教开始衰弱。

印度国土上80%以上的人信仰印度教。印度教在婆罗门教的基础上,不断完善自身,给世人展现了独具特色的印度文化。

印度教是由存在于印度本土上的不同信仰组织集合而成的,主要是综合了婆罗门教和民间信仰产生出来的一个新教,形成于公元8世纪。

印度教继承了婆罗门教的一些教义,如信仰梵,并对业报轮回等观点持赞成态度并积极发挥。印度教也主张禁欲和苦行,以达到灵魂的净化。印度教也有一些不同于婆罗门教的地方,如普遍建立起僧团和寺庙。最主要的是,在哲学方面,哲学大师商羯罗提出了以更完整的客观唯心主义体系为基础的哲学观,他创立了"不二论",即一元论学说,认为除宇宙精神梵以外没有任何真实的物,梵和个人精神是同一的、"不二"的。这为人们指出了如何摆脱虚妄、达到真实的道路。

4世纪时,婆罗门教受到笈多王朝的大力支持,又进一步杂糅了佛教及其他学派的思想,于是发生了较大的转变,而以"新婆罗门教"自居,也就是今日所说的印度教。8世纪以后,印度教的主要思想家商羯罗,依据婆罗门教的根本教义,又吸取耆那教及佛教的优点,使印度教宗教实践的成分加大,原有繁琐的理论淡化,印度教遂一跃而成为当时思想界的主流。

印度教中所崇拜的神有很多,主要有梵天、湿婆和毗湿奴。印度教认为善恶有因果,灵魂有轮回,善行能让人死后升天,恶行则让人死后堕为畜生。印度教主张禁欲和苦行,以达到灵魂的净化。印度教还主张非暴力,不杀生,因而印度教教徒一般吃素,严格的印度教教徒甚至连鸡蛋都不吃。

印度教有严格的种姓制度,即人分为从高贵到低贱的四个等级:婆罗门、刹帝利、吠舍和首陀罗。各种姓间界限分明,不通婚,不往来,不变更。印度教还有形形色色的教律,诸如重男轻女、寡妇不能再嫁、已婚妇女不能在大庭广众下抛头露面以及童婚等等。

印度教的经典主要是四部《吠陀经》,此外还有《奥义书》,《森林书》,《往世书》,两大史诗《罗摩衍那》、《摩诃婆罗多》以及《薄伽梵歌》和一些宗教圣人传记等。

到了近代,随着西方殖民主义的入侵和西方文化的传入,印度教掀起了广泛的宗教改革,反对古印度教中存在的种姓制度、寡妇殉葬等愚昧现象。但至目前,印度教仍是印度最有影响力的宗教,大多数人信奉此教,其种族阶级的不平等待遇及寡妇殉葬等诸多民间陋习仍然未能完全被革除。

二、佛教

佛教是世界三大宗教之一,历史悠久,产生于公元前 6 至前 5 世纪的古印度,距今已有 2500 多年的历史。佛教的创始人是悉达多·乔达摩。

悉达多·乔达摩属于释迦族,人们又称他为“释迦牟尼”(意思是“释迦族的圣人”),也尊称他为“佛陀”(意思是“觉悟者”)。他属于刹帝利种姓。

关于佛陀的故事是这样的:在古印度的迦毗罗卫国(今尼泊尔境内),降生了一位王子,名叫悉达多,后来出家修道,成了无上智慧的彻悟者,也成了无量功德的圆满者。佛陀不是人格的神,佛陀是人完成的,如能依照佛陀所说的修行方法,切实去做,便有成为佛陀的可能,到达佛陀的境界。佛陀是历史上的确存在的人物。

佛陀在出家以前,曾是婆罗门教的遵行者,有深入的学习和领会。然而佛陀并非毫无选择地全盘接受,而是以批评的态度,透过个人的修正体验,对于婆罗门教的主张,提出了不少新的看法。如:印度教严格区分阶级制度,佛教则提倡一切众生平等。

佛陀宣传“四谛说”。他认为人生充满着痛苦,痛苦来源于欲望,而人们想要求得精神上的解脱,只有出家修行,清除欲望。阿育王统治印度后,对佛教非常重视,并把佛教定为“国教”,这使得佛教一度盛行,信徒很多。起初,佛教在印度的盛行的确给印度社会带来了积极的影响,但渐渐地,由于热衷于偶像崇拜,使得佛教影响了社会的发展,也给人民带来了一些负面影响。后来,由于印度教的复兴以及伊斯兰教传入印度,佛教受到了打击,渐渐地趋于衰落。19 世纪末,在印度沉寂了约 700 年的佛教出现了复兴运动,可如今其信徒仍不是很多,大约有 400 万,但佛教在印度的思想文化界颇有影响力。

三、耆那教

印度的耆那教是印度传统宗教之一,历史悠久,它产生于公元前6—前5世纪。"耆那(Jina)"一词原意为"胜利者"或"修行完成的人"。印度有 0.4% 的居民信奉耆那教。

耆那教的第 24 祖筏陀摩那被尊为该教真正的创建者,其弟子们尊称他为"伟大的英雄",即"大雄"。

耆那教几乎是与佛教在同一时期兴起的。公元 1 世纪左右,耆那教分裂为"天衣派"和"白衣派","白衣派"穿象征廉洁的白衣;"天衣派"又称"空衣派"或"裸体派",认为人不能积蓄私财,甚至包括衣服在内,因此,人们应该以天为衣。公元 8—12 世纪,耆那教在印度部分地区由于受到当地统治者的重视与支持而得到发展,使非暴力思想广泛传播;到 12 世纪后,随着当时阿富汗军事力量的入侵和伊斯兰教的传入,大批耆那教教徒被杀,严重影响了耆那教的发展;到了 13 世纪,耆那教处于最衰微的状态;从 15 世纪中叶开始至 18 世纪,耆那教历史上出现了多次改革运动,这些改革对耆那教的发展起了积极的作用。目前耆那教在印度有一定的社会影响。

耆那教否定婆罗门教主张的 "吠陀天启"、"祭祀万能"、"婆罗门至上"等教义。他们提出吠陀并非真知,而且祭祀杀生只会增加罪恶;他们宣传种姓平等,主张灵魂解脱、业报轮回和非暴力等;他们还主张"五戒",即不杀生、不妄言、不偷盗、不奸淫、戒私财。

耆那教不讲究信神,但崇拜 24 祖。教徒的信仰是理性高于宗教,认为正确的信仰、知识、操行会通向解脱之路,进而达到灵魂的理想境界。只有严格实行戒律,经过苦行修炼,才能清除旧业的束缚,达到"寂静",灭其情欲(耆那教是禁欲宗教),获得解脱。

耆那教教徒主要集中在西印度。他们不从事以屠宰为生的职业,诸如屠夫、皮匠等,甚至也不从事农业,主要从事商业、贸易或工业。

四、锡克教

锡克教是印度的本土宗教之一,于 15 世纪末由纳那格创立。"锡克"一词,来源于梵文 Sikha,意思是"学生"、"弟子"或"信徒"。它原属印度教的一支,后来发展成为一个独立的宗教。

锡克教早期实行祖师制,共有 10 祖。到第 10 代祖师戈宾德·辛格时,宣布废除祖师制。

坐落于旁遮普邦阿姆利则市的锡克教圣地金庙

出处:http://www.williamlong.info/google/archives/256.html.

锡克教主张一神论,认为世界上的任何现象都是神的表现,在神的面前人人平等,印度教的种姓分立和歧视妇女等都是违背神意的,只有使个人灵魂和神结合才能获得最后解脱。

锡克教教徒持守五种清净的记号,简称"5K":

1.留长发:表示睿智、博学、大胆、勇猛,是锡克教成年男教徒最重要的标志。蓄发代表着一个完整、自然的人,人的整个身体都是由神给的。蓄发是一种与神的意志生活在一起的象征。

2.加发梳:保持头发的整洁,也可以促进心灵修炼,时刻提醒自己要控制心思,以防止自己的思想处于无目的的游荡或无秩序状态,避免种种自私欲望的增长。

3.穿短裤：象征着与穿着长衫的印度教教徒的分离，也象征着对人的情欲和性欲的控制。

4.戴钢手镯：象征着锡克教永恒的团结精神，超越时间和空间；抑制、摆脱罪恶的行为。

5.佩短剑：短剑是锡克教教徒反对压迫、争取自由的象征，又是战胜无知、战胜黑暗、获得超凡知识的象征。

不过，今天的锡克教男子平时很少穿短裤、佩短剑，但留长发、加发梳、戴钢手镯的现象仍然极为普遍。

除了"5K"之外，锡克人还有一个最明显的标志，就是缠头巾，它象征人的尊严。戴上头巾如同戴上了王冠，显得高贵、威严。

此外，他们要持守五戒：1.不偷盗；2.不奸淫；3.不抽烟；4.不吸毒；5.不叛教。

锡克教的教堂，就是他们做礼拜的地方。锡克教没有神像，他们拜的是圣典《阿底·格兰特》。

锡克教教徒也被称为锡克人，其中大部分生活在印度西北部的旁遮普邦。他们非常尊重本教的首领和祖师，尊称其为"古鲁"。值得一提的是，锡克教教徒强调勤劳、勇敢，而且内部团结，互为兄弟，所以锡克教教徒中很少有乞丐。

锡克教的圣地有著名的阿姆利则市的金庙和哈尔曼地尔寺。

1.2　外来宗教

一、伊斯兰教

伊斯兰教是世界性的宗教之一，也是目前印度主要的宗教之一，与佛教、基督教并称为世界三大宗教。伊斯兰教于公元 7 世纪初诞生于阿拉伯半岛，它是由伊斯兰教的先知穆罕默德所创。"伊斯兰"是阿拉伯语的音译，本义是"顺从"，顺从安拉旨意的人叫"顺从者"，阿拉伯语叫"穆斯林"，是对伊斯兰教教徒的通称。

伊斯兰教从穆罕默德开始传教之年算起，至今已有近1400多年的历史。伊斯兰教分为两个流派，逊尼派和什叶派。逊尼派的全称为"逊奈与大众派"，被认为是伊斯兰教的正统派，人数约占全世界穆斯林的90%。什叶派与逊尼派、哈瓦利吉派、穆尔吉埃派并称为早期伊斯兰的四大政治派别，该派以拥护穆罕默德的堂弟、女婿阿里及其后裔，曾担任穆斯林的首领——伊玛目为其主要特征。目前全世界约有什叶派穆斯林8000万人，主要分布在伊朗、伊拉克、巴基斯坦、印度、土耳其、阿富汗等地区。

全世界的伊斯兰教教徒，分布在90多个国家和地区，目前约有10亿多人。但不论在什么地方，穆斯林之间都互称兄弟，或叫"朵斯梯"，彼此见面说"色俩目"，或简称道"色兰"，意思是"愿安拉赐给你平安"，以示问候。

从8世纪起，随着阿拉伯、阿富汗等外族开始入侵印度，伊斯兰教也传入印度。1206年建立德里苏丹王朝，奉伊斯兰教为国教。1526年外族人巴布尔建立莫卧儿帝国，将伊斯兰文明推向一个新的高度。19世纪末，印度穆斯林中出现改良主义运动和不同的思想派别。

印度的穆斯林主要分布在北方邦、西孟加拉邦、比哈尔邦和安德拉邦，大约占印度人口的10%，有1亿多教徒，仅次于印度教教徒人数。在印度，全国性的伊斯兰教政党和组织有很多，如：印度联邦穆斯林联盟、全印穆斯林协会等。许多印度穆斯林组织与伊斯兰世界联盟、世界伊斯兰大会保持密切联系。

伊斯兰教认为除了安拉再没有神，反对信多神、拜偶像。穆斯林都相信穆罕默德是"先知"，是"安拉的使者"，是奉安拉之命向人类传布伊斯兰教的。伊斯兰教是个全面和平的宗教，从伊斯兰教崇尚绿色就可以看出，穆斯林是希望和平的。但是在民族的生命和信仰受到威胁和迫害时，伊斯兰教允许信徒进行强烈的反抗与征服。穆斯林要从实现个人和平，家庭和平到全社会、全人类和平，在和平的气氛中达到全世界融洽相处，以此接近真主。另外，伊斯兰教也崇尚科学。

印度伊斯兰教的基本教义与职责是伊斯兰教的"六信"和"五功"。"六信"为：信安拉，信天使，信经典，信先知，信后世，信前定。"五功"为：念功，礼功，斋功，课功，朝功。

"随着穆斯林在印度的定居及建立政权，伊斯兰文化与印度教文化在冲突之余也出现过融合的局面。伊斯兰教的信仰和教义对印度教社会曾产生过深刻的影响，推动了印度教宗教与社会改革运动，而在伊斯兰教内部，也渗入了印度教成分。"[①]

伊斯兰教有三大圣地：麦加、麦地那和耶路撒冷。主要节日有：开斋节（伊斯兰教历 10 月 1 日）、古尔邦节（伊斯兰教历 12 月 10 日）和圣纪（穆罕默德诞辰，伊斯兰教历 3 月 12 日）。

作为世界性宗教的伊斯兰教始终没有陨落过，它逐渐成为一种宗教、文化、政治的力量，和印度教一样，也成了人们的一种生活方式，并且在印度不断发展着。

二、基督教

基督教，是一个相信耶稣基督为救主的一神论宗教。估计现在全球共有 15 亿至 21 亿的人信仰基督教，占世界总人口的 25%~30%。基督教于公元 1 世纪发源于巴勒斯坦（旧称：迦南地）的耶路撒冷地区犹太人社会，并继承希伯来圣经为基督教圣经旧约全书。基督教的创始人是耶稣。

最早期的基督教只有一个教会，但在基督教的历史进程中却分化为许多派别，主要有天主教、东正教、新教三大派别，以及其他一些影响较小的派别。

基督教是典型的一神教，它教导人们要忍耐，对敌人要宽恕。基督教教徒的礼拜活动主要在教堂举行。

基督教是在公元 4 世纪传入印度的，比它传入西方众多基督教国家的时间要早得多。据传，它是由耶稣的使徒，以木匠为业的圣托马斯传入印度的。印度的基督教教徒绝大多数居住于南印度和西海岸孟买及果阿等地，尤以喀拉拉教徒人数最多。

印度的天主教会由三个独立的教会组成，它们是拉丁教会、马拉巴尔教会和马兰卡拉教会。其他基督教团体还有叙利亚基督教会、克纳那亚基

---

①孙士海，葛维钧.列国志——印度.北京：社会科学文献出版社，2003：49.

督教会、果阿基督教会、泰米尔基督教会和那加基督教会，每一个教会都有自己独特的语言和社会风俗。

基督教反对印度的种姓制度，它宣称的是在神的面前人人平等。不过，印度教的许多风俗为基督教传统所吸收，从而形成了独具特色的印度的基督教，使得印度的基督教教徒的行为方式有些印度化了，如有些基督教教徒认为自己很尊贵，相当于婆罗门，歧视低种姓的人。

基督教在印度传播了几个世纪，但其教徒的人数仍然很少。原因是基督教是典型的一神教，只信仰上帝，排斥其他一切神明，这就与信仰多神的印度教相冲突；而且印度人也不喜欢基督教教徒过于世俗的生活方式。

另外，印度教的一些"贱民"因不能忍受印度教种姓制度的歧视和迫害，就皈依了基督教，引起了正统印度教教徒的不安。

总之，印度的基督教在悠长的诸多世纪之中变成了印度多元文化的一个不可或缺的组成部分。

三、琐罗亚斯德教

琐罗亚斯德教，中国史籍称"祆教"、"火教"或"拜火教"。公元前6世纪由古波斯人琐罗亚斯德创立，在7—8世纪传入印度。

"琐罗亚斯德教主张'善恶二元论'，认为火、光明、清静、创造、生是善端；黑暗、恶浊、不净、破坏、死是恶端。善端的最高神是全能的神阿胡拉·玛兹达，恶端的最高神是安格拉·曼纽，即凶神。认为人在善恶两端之争中，有选择的意志，也有决定自己命运的权利。"[1]

琐罗亚斯德教是在8世纪时传入印度的。琐罗亚斯德教教徒定居印度后，与印度教文化发生了融合，后来，这些教徒被称作"帕西人"（波斯人的译音）。帕西人相信全能的神阿胡拉·玛兹达，他们认为，火是阿胡拉·玛兹达的象征，于是要求教徒要礼拜"圣火"，除了火之外，他们也尊敬水和土。另外，帕西人也相信"天堂"、"地狱"和"末日审判"之说，认为"如果一个人想死后进入天堂，必须从善避恶，弃暗投明，做到善思、善言、善行"。[2]

---

①马加力,尚会鹏.一应俱全印度人.北京:时事出版社,1998:136.

②同上。

目前,在印度,琐罗亚斯德教教徒约有 15 万人,他们保持自己传统的宗教信仰和生活习俗,与外界甚少交往,是印度社会一个独特的社团。

四、犹太教

犹太教是世界三大一神信仰中最早而且最古老的宗教,也是犹太民族的生活方式及信仰。亚伯拉罕、亚伯拉罕之子以撒、以撒之子雅各是通常所说的犹太人的列祖,也是犹太教最早的奠基人。

亚伯拉罕的一神崇拜为犹太教奠定了基础。500 年后摩西在西乃山领受上帝赐予的法律,并确认以色列人和上帝之间有牢不可破的契约关系,标志着犹太教的正式形成。"这是一个系统的信仰体系和价值体系,是这个民族的精神支柱和行为指南。可以看出,犹太教和犹太人是不可分割的两个方面。犹太人创立了犹太教,同时,犹太教又塑造了犹太人的个性和民族性,造就了作为犹太教的实践主体的犹太人。"

犹太教的主要诫命与教义来自"托辣",即《圣经》的前五卷书。犹太教最重要的教义,在于一神论,只崇拜上帝。因为上帝是按照自己的形象造人的,因此,他愿所有的人都能行公义、好怜悯,而且人都应该有尊严,并且受到尊敬的对待。

犹太教有三部典籍:第一部是《圣经·旧约》(又称《塔纳赫》),所有犹太人都要绝对忠诚地信奉它;第二部是《塔木德》;第三部是《米德拉什》。犹太教的基本教义以摩西·迈蒙尼德于 12 世纪归纳出的 13 条为核心:"1.创造主创造并主宰宇宙及一切受造之物。2.创造主为独一无二真神。3.创造主无形无体无相。4.创造主是最先的,也是最后的。5.创造主为唯一应受敬拜之主,此外别无可敬拜之物。6.先知一切传述皆真实无妄。7.摩西是先知中最伟大的一位。8.律法为神向摩西所传,并无更改。9.律法不可更易。10.创造主洞察世人一切思想行为。11.创造主予遵守律法者奖赏,对践踏律法者惩罚。12.复国救主弥赛亚必将降临,应每日盼望,永不懈怠。13.人死后将复活。"[1]

多数犹太人的宗教活动,主要在家中进行。它包括每天三次的祈祷,早

---

[1] 百度百科.baike. baidu. com/view/193.htm 2011-2-2.

晨、下午及日落之后。犹太人以学习及祈祷来侍奉上帝,同时遵行摩西五经上所指引的诫命。会堂是犹太人祷告和学习的地方。

传统的犹太人遵行饮食诫命,包括奶与肉不可以同食,人道地宰杀动物,并严禁吃血、猪肉、无鳞的鱼类及其他被禁止的食物。这样做的目的主要是能够使人在个人生活上达到自我控制或节制,是一种磨炼意志的手段,也有助于培养良好的道德素养。

犹太教律法规定的节日较多,最重大的节日有三个:逾越节、住棚节和五旬节,此外还有除酵节、修殿节、普林节、读经节、元旦、赎罪日、哀悼日、安息日等。

现在全世界信仰犹太教的人很少,只局限在犹太人内部,但其对世界的影响巨大。现今的犹太教主要有三大派系,分别是正统派、保守派及改革派。

两千多年前,曾有一些犹太人为躲避宗教迫害,从巴勒斯坦逃到印度。"印度犹太人长期与外界犹太人社团完全隔绝。他们分居两个有内在联系的犹太人社团,一个是使用马拉蒂语的贝内以色列人(Bene Ismel),另一个是使用马拉亚拉姆语的犹太人。他们的外貌与印度人无区别,但守安息日,奉行某些斋戒、节日习俗、食物禁忌、割礼和祈祷等犹太礼仪。"①印度的犹太教名胜是科钦犹太教会堂,如今是印度著名的宗教文化景点。

五、大同教

大同教,又称巴哈伊教或巴哈教,创建于19世纪的波斯,现在在全世界约有600万信徒,遍布200多个国家。它的创始人为伊朗人米尔扎·侯赛因·阿里,后来他被巴哈伊教信徒们称为"巴哈欧拉",意思是"真主的光荣","巴哈伊教"这个名称也是由此而来的。"1935年,清华大学校长曹云祥开始翻译巴哈伊教经典时,认为其社会主张与中国传统儒家思想的'世界大同'理想相通,故此将其翻译为'大同教'。这个名字一直沿用到20世纪90年代初期。1991年正式更名为'巴哈伊教'。"②

---

①黄凌渝. 当代犹太教. 北京:东方出版社,2004:362.

②百度百科.baike. baidu. com/view/1043822.htm.

印度神秘符号

012

巴哈伊教本来是源自伊斯兰教什叶派，但后来随着发展，其教义渐渐地脱离了伊斯兰教的观点，因此逐渐形成了一个新的宗教。巴哈伊教的教义和宗教仪式都很简单，没有特别严格的限制，没有神职人员和地方教堂，因此，巴哈伊教即使不传教，在世界各地也能很迅速地发展，是一个生机勃勃的宗教。

巴哈伊教义的三个核心原则简单表述为：上帝唯一，宗教同源，人类一家。"巴哈伊信仰的最高经典称为《亚格达斯经》（《至圣之经》），他们视之为普世经典，是从亘古时期由神的显示者带来的。还有一些地位很高的'次约'，是神的先知与信徒之间的约定，每个启示都是独特的，包括一些社会习俗和宗教团体权威。目前的时代，巴哈伊将巴哈欧拉的启示视为与信徒的次约，巴哈伊坚称该约是人应该努力追求的宗教美德。"①

巴哈伊教的正式符号是五角星，但更加常见的是九角星的符号，此符号以及里面的字体都代表的是"至高者"。另外，巴哈伊教有自己的专门历法，每年有 19 个月，每月有 19 天（每天是从日落时开始算起的），年末增加 4 天（闰年加 5 天）。每年的公历 3 月 21 日为巴哈教历的新年。

根据《2004 年世界年鉴》："据估计，全世界最大的巴哈伊社区在印度，有 220 万之众；其次是伊朗，有 35 万；然后是美国，15 万。除了这些国家，信徒的数字差距很大。目前，没有一个国家的巴哈伊信徒占据人口多数。圭亚那是巴哈伊信徒占人口比例最高的国家（7%）。"②

印度的巴哈伊教教徒多为富人。位于新德里著名的莲花庙就是印度巴哈伊教的教堂，是巴哈伊教教徒做礼拜的地方，是全世界最为雄伟壮观的巴哈伊灵曦堂。它的形状是一朵硕大无比的莲花，庄严肃穆，主要寓意是体现纯洁与和平，同时也与信徒们崇拜的莲花相互呼应。每天都有来自全国各地的信徒们对其进行敬拜，向其祈祷。

①百度百科.baike. baidu. com/view/1043822.htm.

②同上。

莲花庙

印度就是这样一个国家，宗教氛围浓厚。印度人的生活离不开宗教，宗教是印度人的一种生活方式。因此，要想了解印度，了解印度的文化和印度人的生活，就得先了解与宗教有关的知识。

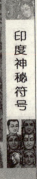

2　印度宗教中神秘符号的起源

印度历史悠久,有着将近四千年的历史,其文化更是源远流长,神秘而诱人。印度各种宗教中的各种神秘符号是印度文化显得神秘的主要因素之一,要了解印度文化的神秘之处,就得先破解各个宗教中的神秘符号。可以说,神秘符号产生的根源就是印度文化神秘的根源。

2.1　印度教中神秘符号的起源

要论印度宗教中的各种神秘符号,可以先从"印度"这两个字开始研究。"印度"这个中文名是唐代高僧玄奘所著《大唐西域记——西天取经的历险故事》中出现的译法。"印度"的别名叫做"婆罗多",在梵文里为"月亮"的意思。在唐代之前,印度被称为"天竺"、"身毒","身毒"是梵语 Sindh 的译音。除以上这些外,印度还有其他几种译法,如"申毒"、"信度"、"身度"等。《大唐西域记——西天取经的历险故事》里写道,印度之所以被叫做"印度"还有另外一层含义:"这个国家圣贤辈出,创造了佛法并流传开来,教导人们,调理万物,好像月亮照临一般。又因为印度的婆罗门种姓的人是最高的特权阶级,所以又叫做婆罗门国。"[1]

印度是个古老的宗教国家,对于生活在印度的一般人来说,宗教既是一种体现, 也是其灵魂具有的深奥、复杂的体现。印度 10 亿人口中超过 80%的人是印度教教徒,历史学家一致认为,印度是世界上最早记载神秘主义的国家之一。印度教经典《吠陀经》是印度教神秘符号的起源。

①玄奘.大唐西域记——西天取经的历险故事.宋强,译.上海:上海社会科学院出版社,2003:20.

印度神秘符号

吠陀是印度最古老的宗教文献和文学作品的总称，内容涉及社会、经济、政治、宗教、文学、风俗习惯和法律规范等。《吠陀经》是婆罗门教的经典文献，也是婆罗门教法的基本渊源，被雅利安人视为圣书。

《吠陀经》主要是叙事诗风格的宗教文学作品，不但记载了古代印度的神话，而且也记录了许多宗教仪式、祭祀、音乐、舞蹈以及建筑方面的内容。因此，《吠陀经》里面有着丰富多彩的符号元素，对于非印度人来说，这些符号是神圣又神秘的。

吠陀，梵语称 Veda。Veda 一词的梵语词根是"Vid"，意思为"懂得"、"知道"。Veda 可音译为吠驮、韦陀、围陀等，意思是智、明、明智、明解、分。《吠陀经》又称《围陀论》、《智论》、《明论》等，是古印度婆罗门教根本圣典之总称，原意为"知识"，是婆罗门教基本文献之神圣的知识宝库，通常指与祭祀仪式等有密切关联的宗教文献。

据说，《吠陀经》不是由人创作出来的，它被称为《天启经》，因为印度教传统认为，《吠陀经》是至尊主本人发出的，是永恒的存在。吠陀知识先是由至尊主传下来，然后通过古代的先知将永恒的真理传递给世人，再以师徒相传的方式小心谨慎地留传下来。因此它是一种人类直接听闻上天启示的经验，而不是由任何凡人的思想所完成的。不过，吠陀圣歌则有所不同，它是在圣人和先知们得到神的灵感之后创作出来的，人们发现吠陀圣歌是由不同的人在不同时期写成的。

《吠陀经》又称 *Shruti*，意思为"需要听会的圣典"，因为人们认为它太神圣，只能默记。著名的历史学家马哈坚说："《吠陀经》的纯洁性之所以能保持下来，是因为人们认为它太神圣，任何人没有资格改动。这些圣歌被人们囫囵吞枣地记下来，不懂其意，改动的可能性就更少。"三部《吠陀经》——《娑摩吠陀》、《梨俱吠陀》和《耶柔吠陀》构成了三部曲，称为三明、三吠陀、三韦陀论或三部旧典，加上《阿闼婆吠陀》，即成四吠陀，再加上《衣提雅挲吠陀》，就组成了全部的《吠陀经》。

四吠陀中以《梨俱吠陀》最早，最初的部分可以追溯到公元前 1000 年，居住在印度河两岸雅利安人的时期。其他三卷《吠陀经》皆是《梨俱吠陀》的派生作品，其中的神曲，不是部分《梨俱吠陀》神曲的复述，便是在它的基础上发展而来的。人们把著作《吠陀经》的时代称为印度的吠陀时期,它使用比印度梵语更为古老的语言,称为吠陀梵语。

《梨俱吠陀》,又译为《荷力吠陀》等,意思是"赞诵明论、作明实说"。《梨俱吠陀》是最古老的印度教圣典,完成时间是公元前1200年到公元前900年。它有1028首素课拓(Sukta,赞美诗),这1028首素课拓又进一步分为10个曼达拉(Mandala,章节)。《梨俱吠陀》出自单词Rig(诗句)。著名的语言学家马科斯·穆勒教授认为,《梨俱吠陀》一定是在公元前1000年之前完成的,但同时他也承认,"我们还没有确切的证据来证明吠陀诗歌到底产生于公元前1000年、前1500年、前2000年还是前3000年,根本无法确定"。不过,这部《梨俱吠陀》能够帮助我们更深地认识那个时期的社会、政治、经济及宗教生活。

《娑摩吠陀》,又可音译为《娑摩薛陀》、《三磨吠陀》等,意思是"平等、歌咏明论、作明美言、礼仪美言智论"。"娑摩"一词源于Saman,意思是"用来唱的祷告文",因此,《娑摩吠陀》也被定义为"圣歌之书",即有关歌咏及旋律。《娑摩吠陀》是苏摩祭等祭祀中,歌咏僧所唱赞歌及其歌曲之集成,乃祭祀用之圣典。《娑摩吠陀》总共有1549首圣诗,多抄自《梨俱吠陀》,新颂仅78首。这些诗歌是婆罗门教教徒祭拜时的唱词。《娑摩吠陀》也表明,雅利安人也喜欢音乐,不是"纯粹的清教徒"。

《耶柔吠陀》,也可音译为《夜柔吠陀》、《冶受吠陀》等,意思是"祠、祭祠、作明供施、祭祀智论、祭祀明论"。"耶柔"一词源于Yaj,意思是"敬拜",它是一部"祭献祷告之书"。这本书规定了宗教礼仪的准则和程序,主要有两大部分内容:一部分由真言组成,也就是《黑色耶柔吠陀》;另一部分由散文或评注组成,称为《白色耶柔吠陀》。

《吠陀经》的最后一部是《阿闼婆吠陀》,意思为"禳灾明论",它是招福、诅咒、禳灾等咒词的集成体。过去好长时间人们没有把它单独算作一部吠陀,因为它和《梨俱吠陀》很相似。但它的精神不一样,它主要讲如何避开魔鬼,提供了许多神奇的控制魔鬼和精灵的办法。

四吠陀各有副吠陀(Upa-Vedas)。《梨俱吠陀》的副吠陀为《阿轮论》(*Ayur-Veda*),意译为《寿命论》,即医书;《娑摩吠陀》的副吠陀为《甘达婆吠陀》(*Gandharva*)，即音乐论；《耶柔吠陀》的副吠陀为《他奴罗吠陀》(*Dhanur-veda*)，即射法论；《阿闼婆吠陀》的副吠陀为《斯塔波迪耶吠陀》(*Sthapatya-veda*)，即建筑论。

四吠陀文献合称为"本集"(Samhitas)，由祭祀仪式中奉献给众神的颂歌构成。本集又进一步分类，形成了三种经典：一种是《净行书》或《梵书》(*Brahamanas*)，详细描写了吠陀仪式，是婆罗门祭祀的指导用书；另一种是《奥义书》(*Upanishads*)，是一部很有哲理的书；最后是《森林书》(*Aranyakas*)，是专门为隐居山林的婆罗门教教徒写的，和《奥义书》紧密联系。这三种文献可以理解为指导、解释宗教仪式，蕴含丰富的神学思索。

此外，《吠陀经》还有许多补充性的书籍，如在 Upa-Vedas 之后很久才编成的六部 *Vedangnas* (《吠陀六部书》)。分别是：1.*Siksha* 即《语音书》；2.*Chhandas* 即《韵律》；3.*Vyakarana* 即《语法》；4.*Nirukta Vedanga* 即《吠陀书中意义模糊词和短语词典》；5.*Jyotisha Ved-anga* 即《吠陀支节录天文篇》，是古代专门的印度天文学著作；6.*Kalpa Vedanga* 即《劫波吠陀支》，描写宗教仪式。另外还有超过 108 部以上的《奥义书》以及约 18 部著名的《往世书》等等。

印度哲学在印度文化中占据了重要而独特的地位。印度最早的哲学是以《吠陀经》为经典的，《吠陀经》中记录了各式圣歌、宗教、礼仪、风俗、思想和哲学，在这些内容里，都有印度教神秘符号的影子。后来，在公元前 10 世纪至前 5 世纪间产生了《奥义书》哲学。《奥义书》是《吠陀经》的最后部分，启示出精神上极为深奥的真理。《奥义书》中的 108 种均为非常重要的文献，因为它们为几个世纪里所涌现的众多印度教哲学流派的灵感源泉，是被印度教教徒尊奉为表达了恒定不变的自我，依其业行而在肉体之间转移思想的第一批文献典籍。

随着时间的推移，奥义哲学理论越来越丰富，尤其是各种神秘符号，从早期的《歌者奥义》到较晚一些的《慈氏奥义》，渐渐形成了系统。《吠陀经》是印度教神秘符号的最初起源，了解了它们产生的原因，也就能够破解印度文化的神秘之谜。

《吠陀经》作为一种经文，除了鲜明的神话特色、浓厚的宗教色彩外，还反映了当时的社会生活状态。它被婆罗门教视为圣典，在古代印度文学发

印度神秘符号

展中占据了重要地位。它是印度文学最初的源头,对后代的社会、生活和文学产生了深远的影响。如今流传下来的吠陀文献虽然只有一小部分,但也已经能称得上浩瀚博大了,而且人们对吠陀的研究也颇为重视。

在《吠陀经》之后的印度圣典中,印度史诗最引人注目。公元前6世纪左右,印度进入列国时代,经济发展、战争频繁、思辨深邃,是这个时代的三大特征。这一时期,旧的神话不断被编辑,新的神话又不断产生。宗教方面,出现了佛教与耆那教,而这两大教派又各自繁衍着不同的神话。这样,紧接着,印度最大的两部古典史诗出现,一部是《罗摩衍那》,另一部是《摩诃婆罗多》,它们是世界上最伟大的两部叙事诗。

《罗摩衍那》是最古老、最受欢迎的印度史诗,也可以翻译成《罗摩的生平》或《罗摩传》,描写的是毗湿奴的化身罗摩的故事。它是由蚁蛭仙人瓦尔米基所写。据说,他原来是婆罗门的种姓出身,后来被家人遗弃,不得已做了偷盗的营生来维持生计。再后来,他得到一个神明的点化,苦修梵行,忘记了所有的一切,以至于身陷蚂蚁窝也不知道,所以人们称他为"蚁蛭"。

《罗摩衍那》最初是口头流传的民间文学作品,是蚁蛭用诗体形式记录整理出来的。它包括2.4万颂,一共有7篇诗歌,分别是《童年篇》、《阿逾陀篇》、《森林篇》、《猴国篇》、《美妙篇》、《战斗篇》和《后记》。

《罗摩衍那》以罗摩救妻子悉多的故事为主线,生动讲述了惊心动魄的战斗故事,也穿插了许多神话故事。可以说,《罗摩衍那》是雅利安人战胜非雅利安人的冒险和狂欢故事,是印度叙事诗的经典之作。该史诗第一次创造出不同的印度神祇,这些神祇表现并演化出许多教派和符号。

另一部伟大的史诗《摩诃婆罗多》,篇幅比《罗摩衍那》长,是世界著名的叙事诗中最长的一部,包括10万颂,分为18篇2109章。传说它是由岛生黑仙人毗耶婆所创作的。《摩诃婆罗多》的完成时间大概是从公元前4世纪到公元4世纪之间。

《摩诃婆罗多》中记载了很多神话传说和寓言故事,还有一些描述是关于当时生活中的宗教仪式和规则、哲学和政治生活等。有人说它是英雄的史诗,也是当时社会、历史和文化的百科全书。书中的《薄伽梵歌》(Bhagavat Gita)其实是印度史诗《摩诃婆罗多》中的一长段对话,是英雄人物克里希纳利用神学教义奉劝、教导阿周那如何生活、如何讲道德、如何再生的内容，充满了智慧和哲理，深受印度教教徒崇拜。《薄伽梵歌》是印度教的《圣经》，共有 18 章 700 颂。

《往世书》(*Puranas*)是有关印度教神话的经典著作之一，它的文学表达形式有史诗、散文和对话体等。《往世书》共包括 18 部，最被人赞赏的是《薄伽梵往世书》，里面讲到了大神毗湿奴 10 次化身的故事，如化身为鱼、龟、野猪、半人半狮的怪物、侏儒、持斧罗摩、罗摩、黑天、佛陀、白马等。除了记载神话故事外，《往世书》中还记载了法律、医学和文学方面的内容。可以看出，在那个时代，人们就已经制定出了一些规则、律法以及礼仪。因而，从《往世书》时代开始，传奇故事中出现了许多崇拜和符号。突出的湿婆崇拜、毗湿奴崇拜和沙克蒂崇拜(性力崇拜)就是在这几个时代出现的。

同样，随着印度经典的发展，这些圣书展现了一些新的生活层面。史诗时代之后出现了传奇故事，其他圣典有《瑜伽书》、《哲学》、《法典》等。

从以上我们可以得出结论：在吠陀时代，先知们一方面展示了社会宗教生活，另一方面孕育了印度泛神论。在吠陀时代初期，神的外形和名字是与自然崇拜结合的。到了后期，出现了祭献、生命规则、无数神和女神显身的解释。到后来的《往世书》时代及《法典》(*Dharma Shastras*)时代，这些内容得到了进一步发展。相应地，随着一个个神的出现，被作为神秘符号予以承认并给予崇拜的好几种信仰和信仰活动也出现了。

2.2 佛教中神秘符号的起源

佛教的创始人是悉达多·乔达摩。他属于释迦族，人们又称他为"释迦牟尼"，意思是"释迦族的圣人"，也尊称他为"佛陀"，意思是"觉者"。他属于刹帝利种姓。

关于佛陀的故事是这样的：在古印度的迦毗罗卫国(今尼泊尔境内)，国王是净饭王，本是皇室公主的摩诃摩耶(Mahayama)嫁给了国王。一天夜里，"她梦到一头白象来到她的床边，进入了她的子宫。几个月后，她感到有一种隐居禅定的冲动，于是独自离开皇宫进入森林，在那儿，她独自一人冥想。后来她躺在一棵婆罗树下,生下一个虽小却已懂事的男孩,也就是将来的佛陀"。[1]佛陀出生后被命名为悉达多。后来,果真如先前的征兆那样,悉达多不顾父亲净饭王的阻拦和恳求,决意禁欲苦修,出家修道,最终成了无上智慧的彻悟者,也成了无量功德的圆满者。因为他最终在菩提树下悟道,因此,菩提树成了佛教的圣树,人人崇拜它、敬拜它。

在悉达多修道过程中,有一个魔王企图阻止悉达多悟道,他用尽了所有手段和力量来与悉达多战斗,但最终并没有打败善良正义的悉达多。魔王"激起的闪电化作盛开的莲花,围绕着安宁静悟的悉达多缓缓飘落"。[2]因而,在佛教中,莲花受到人们的喜爱和敬拜,象征着平和、智慧和纯洁,为教徒们所崇拜。

佛教经典是《佛本生故事》,它主要记述的是佛陀释迦牟尼的前生经历,主要是佛陀前世的不同化身,如商人、神、羚羊和鹿等。《佛本生故事》既是神话传说,也是故事、童话和寓言。如著名的弃老国的故事、九色鹿传说以及人们熟悉的舍身饲虎的故事等。据说,佛陀曾经转世再生为一头白象,为了使嫉妒的妻子消除怒火,它心甘情愿牺牲自己来当妻子的祭祀品。佛陀通过自我牺牲进而使自己的灵魂更加完善,使自己能够在更高层次上得到精神的重生。

佛教中的"卍"字符,汉译为"万"。在印度梵文中叫 Swastika,这个词是由"Su"和"Asti"两个字合成的,"Su"的意思是"好","Asti"的意思是"存在",合在一起的意思为"吉祥幸运"。自从人类文明之黎明到来以来,它就一直是个全球敬仰的吉祥的符号和标志。一般的说法是,这个符号是佛祖释迦牟尼胸部所现的"瑞相",也有人认为它是释迦牟尼胸前的胸毛抽象化的形象,具有"万德吉祥"的含义。总之,"卍"字符代表着吉祥、幸运、功德及智慧。

除了以上提到的之外,佛教中还有一些其他物体有着神秘的符号意义,如法轮:它象征佛法传播永不停息;法螺:佛经上讲佛陀说法时声音洪亮,有如大海螺的声音响彻四方,所以人们要描述其说法之妙音,就用法螺来作比喻,代表法音。

---

①刘晓晖,杨燕.永恒的轮回——印度神话.北京:中国青年出版社,2003:112–113.
②同上,第 118 页。

2.3　耆那教中神秘符号的起源

　　印度的耆那教是印度传统宗教之一，"耆那（Jina）"一词原意为"胜利者"或"修行完成的人"。耆那教的第24祖筏陀摩那被尊为该教真正的创建者，其弟子们尊称他为"伟大的英雄"，即"大雄"。

　　据说，大雄的诞生也与奇异的梦境有关。"大雄的母亲是贝纳勒斯的一位贵妇人，大雄降生前的连续数夜，在她的梦境中重复出现一些难以猜测其预兆的奇异画面。先是一头白色的大象欢快地吼叫，后来是一头吼叫的公牛，再接下来是一头咆哮的雄狮，这些明显是王权和力量的象征。"[1]因此，耆那教祖师大雄的形象一般是坐于精美的宝座之上，座下两只雄狮相对而立，狮子成了大雄的坐骑。

　　在印度，耆那教的人社会地位较高，耆那教教徒一般都是素食修身，值得尊敬。他们禁止杀生，连蚊虫都不行，因为耆那教认为动植物和非生物体内均有灵魂存在，不能任意伤害。如：耆那教不允许食用茄子和番石榴，因为这些蔬菜和水果经常被发现是蠕虫的宿主；不食用白花椰菜和绿花椰菜，因为一些细小的飞虫很容易被困在这两种蔬菜的叶面上，很难清洗干净。有些虔诚的耆那教教徒甚至走路都要戴口罩，生怕把飞虫吸进鼻子或者吃进嘴里。耆那教教徒也不食用蜂蜜、醋、糖、蜜和酒等等。

　　耆那教中也有"卍"字符。在古老的耆那教中，"卍"字符代表他们的第七位圣人，通常和手形结合，他的四臂提醒信徒轮回中的四个再生之地：天堂、人间、动植物、地狱。

　　耆那教教徒在家中也进行崇拜仪式。在家中进行宗教仪式时，也会诵唱耆那教的赞美诗，给敬拜对象沐浴和献花等。

　　印度的其他宗教中也有一些具有象征意义的神秘符号，此处不一一作详细介绍，会在后面的章节中提到。

---

①刘晓晖，杨燕.永恒的轮回——印度神话.北京：中国青年出版社，2003：126.

印度神秘符号

3 印度教的多神崇拜

本章主要介绍作为印度教灵感之源的众神,了解他们身上的各种符号及标记,探讨这些具有仪式性的符号和标记神秘的本质和特点。

印度是一个诸神护佑的国度。在印度,不管走到哪儿,都有印度教庙,庙里必然有神,神龛下必然有无数虔诚的信奉者。其中光印度教就有几千个神,其中有一些是主要神学崇拜的象征,还有次神,次神以下还有神的化身。化身之神通常被看做是高一级神的具体化。很有趣的是,神与神之间没有对比性,因为印度教的基本精神是没有必要的选择性和排除性,把所有形式的崇拜一体化。

的确,在印度,人们的风俗习惯离不开神,哲学理念离不开神,每日的礼仪离不开神,最隆重的节日是纪念印度教神的节日,最精彩的舞蹈、戏剧、艺术与水平最高的绘画、雕塑都是反映神、纪念神的作品,最雄伟豪华的建筑是为神修建的庙宇。难怪人们说印度教是一种生活方式,因为宗教和神已经在几千年的生活中扎根于人们的灵魂中,融化于人们的血液中。没有神便没有了生活的精神支柱,没有了精神支柱,灵魂便没有寄托,生活便失去光彩,生命便没有意义。

常常听到印度人问外国人:"你信仰什么宗教?"如果被问者是个中国人,他便感到很尴尬,因为好多中国人实际上没有宗教信仰。但是如果照直回答,印度人会感到不可思议。印度文化之丰富和神秘,让外国人无从下手,不知道从哪儿入手去了解,去打开印度文化这扇神秘之门。作者作为愿意致力于印度文化研究的文化工作者,通过在印度的生活和亲身感受,对此问题的体会是:要了解印度文化,先了解印度教,要了解印度教,请进印度庙,进了印度庙,先认印度神。这是了解印度文化的第一步,又是了解印度文化的一把钥匙。了解了印度神,许多问题诸如文学、戏曲、舞蹈、绘画、哲学理念、风俗习惯、礼仪等便会迎刃而解。

印度教神话中的诸神自出现以来,就以可以区分的形式存在,明确的外形特征和性格特征使他们各有突出点,这些突出点使得他们具有卓越的美学感和美的象征性。从远古以来,这些神一直是艺术家们的创作主题和大众永不枯竭的灵感源泉。

我们只能举出一些主要的神,描述他们的外形和各自特点,他们中间的一些在印度教教徒心目中一直神性闪烁。

在印度教神祇中,最突出的是三位一体神,代表生命循环、宇宙现象的三位神是梵天(Brahma)、毗湿奴(Vishnu)和湿婆(Maheshwar 或 Shiva)。梵天为宇宙创造之神;毗湿奴为保护之神;湿婆为毁灭之神,吸收天地万物,为重新创造铺平道路。

3.1 印度教的三大男神

一、创造之神梵天(Brahma)

创造之神梵天

出处:http://www.visabuilders.com/India/raiders/090711922.html

在印度教神话中,梵天是万物的始祖,他是世间万物的创造之神、宇宙最高神及保护神,兼管舞台艺术、音乐、舞蹈以及戏剧,是印度教神话中三大最高神之一,佛教吸收其为护法神,称为"大梵天王"。

梵天的身上有很多象征性的标记和符号。

梵天经常被描绘成很多种形象。有时被描绘成全身红色,腰系虎皮,左肩系圣带,骑天鹅,天鹅象征着知识(有时他坐的是七只天鹅拉的一辆车),一手持权杖,另一只手拿化缘用的钵;有时被描写为身穿白衣四面四臂的神,他的四面象征着四部《吠陀经》,向着左右前后四个方向,一手举吠陀经典,一手拿权杖,一手拿钵,一手拿一串念珠和弓,坐在莲花座上。另外,人们也可以看到他站在从毗湿奴肚脐眼里生出的莲花上。据说,他的住所叫美如山,山的形状像车轮,此山在世界的中间,同时也是恒河的源头,美如山周围也住着其他神。《摩诃婆罗多》上说,美如山长 800 英里、宽 400 英里、高 40 英里。

传说,他是从水中漂浮着的梵卵中诞生,原本有五个头。梵天有一个名叫萨特露帕的女儿,长得非常漂亮,连梵天也被她给迷住了,虽说是自己的女儿,但梵天却忍不住一直用多情的目光看着她。每当萨特露帕想躲开梵天多情的目光时,他便从身上再生出一个头,以便眼光跟着她,所以梵天一共长了五个脑袋。但也因为他的第五张脸看到自己的女儿时产生了爱欲,就被湿婆毁掉了。

印度玄学提出三个基本素质:塔玛司(tamas),即分裂倾向;拉加司(rajas),创造的冲动由此而出;萨特瓦(sattva),代表内聚力、纯洁和忠实。梵天作为创造之神,代表着创造世界的抽象哲学,因此他是高深莫测的世界创造的象征。

据说,梵天创造了宇宙之后,发现整个宇宙除了自己,别无他物,不由得倍感孤独。就在心头闪念之间,他从自己的脑子里生出了十个儿子。因此,不仅人和神的思维活动来源于他,而且人和神的所有素质也来源于他。梵天靠着大脑的能力创造出了四种生命:从大腿生出魔鬼;从嘴里生出神;从两肋生出人的祖先;从身体生出人类,把人分为男人和女人。梵天醒着时,生出了三个世界,即天上、地上和阴间,睡着时生出了混沌。所有还没有获得生死轮回解放的生物都必须准备在梵天再创造世界时再生。人们经常把梵天和水相联系，因为水表示生命、和平和静思。

　　然而，由于梵天创造了灾难和魔鬼，因此，印度教教徒对他不是特别崇敬，很多人甚至对他敬而远之。虽然早在公元前4世纪就出现了敬奉梵天的教派，但是人们认为由于创世纪的任务已经完成，梵天变成了具有宇宙能力的神，因而他不被人们所普遍崇拜。而且，人们认为，既然人类已经被创造出来，梵天必须把精力放到保护神上，同时安抚毁灭之神湿婆。

　　梵天的妻子是知识和智慧的象征萨拉斯瓦蒂（Saraswati）女神，即辩才天女。

二、保护之神毗湿奴（Vishnu）

保护之神毗湿奴

出处：http://www.yogash.com.cn/Photo/View.asp?id=61&page=1

　　毗湿奴是最受印度教教徒崇拜的主神，他是保护之神，代表慈善和美德。佛教称其为"遍入天"。

　　毗湿奴的形象一般是皮肤深蓝，高大英俊，长着四只手，分别持有仙杖、法螺、轮宝和莲花。其中仙杖象征知识就是力量；法螺象征存在之源，因为它从水中出来，在吹它时会发出原始之声，所有创造物由此声音开始；轮宝象征的是可以消灭各种形式的无知以及邪恶魔鬼的万能上帝；莲花表示宏大的宇宙,是纯洁的象征,因为莲花出污泥而不染。

毗湿奴胸前挂着一块亮丽的玉石,代表唤醒人的意识的所有太阳、月亮以及火的光明;玉石左边有一绺名叫丝瑞瓦查(Srivatsa)的毛发,象征着幸运。毗湿奴躺在盘卷的蛇身上,漂浮在无边无际的大海上,蛇的七个芯子喷出火光保护着他。有时,他的肚脐眼里长出一朵莲花,上面坐着梵天。

毗湿奴的坐骑是神话中半人半鹰的大鹏(Garuda),人身,人头,但长着鸟翅、鸟嘴,嘴里衔着一条蛇。有时有四只手臂,一只手打伞,另一只手举着酒坛,其余两只手做崇拜姿势。在驮着毗湿奴时,两手扶毗湿奴,另两手做哀求状。有时为人头人身鸟翅,有时为鸟身人头鸟爪。

毗湿奴有上千个名字,主要有:阿其于达(Achyuta),意为"不朽者";阿南达(Ananta),意为"无穷";查土尔布加(Chaturbhuja),意为"四臂神";禾瑞西开沙(Hrishikesha),意为"理智之神";加纳尔达那(Janardhana),意为"受崇拜者";菩如上达玛(Purushottama),意为"理想的最高神灵";凯洒瓦(Kesava),意为"漂亮的长发神";克瑞提(Kiriti),意为"国王般的戴王冠者";那拉亚那(Narayana),意为"天水上漂流者";芭得玛那巴(Padmanabha),意为"肚脐眼生出的莲花";匹塔木巴拉(Pitambara),意为"穿黄袍者";马达瓦(Madhava),意为"玛度的后代";哈瑞(Hari),意为"救世主";木昆达(Mukunda),意为"救助者";亚吉内思瓦拉(Yajneswara),意为"牺牲之神";亚几那(Yajna),意为"祭司";等等。

在印度教教徒所崇拜的大神中,毗湿奴的地位最为显赫。他性格温和,为人善良,施恩于所有人。毗湿奴以化身的形式再生十次,到凡间来维护世界的秩序,维护创造出来的万物。

毗湿奴的第一个化身是灵鱼,白色。当淹没世界的大洪水袭来之际,毗湿奴化身为鱼,帮助人类始祖摩奴脱离洪水的围困,使其成为唯一的生存者。

第二个化身是神龟,有时是龟头人身或人头龟身。黑色或金色,双唇分开,表示背诵《吠陀经》,有四只手,两手拿武器,另两手做祝福手势。在诸神搅动乳海时,它将曼陀山驮在背上,使得诸神以山为搅棒,搅动乳海,获得了十四样贵重东西,其中就有甘露。

第三个化身是野猪,体形庞大,黑色,露出吓人的牙齿和闪光的眼睛,用嘴嗅大地,或双臂举着大地。

魔鬼黑拉呀克刹修炼多年后,从梵天那里得到了谁也无法杀死自己的本领,但没有包括野猪。他到处行凶作恶,最后竟然把大地扔到了海底,从梵天手里偷走了《吠陀经》,闹得人神共愤,被告到毗湿奴处。毗湿奴变成一头野猪,咬死黑拉呀克刹,把大地搬回了原处。

第四个化身是半人半狮的怪物,将惹怒自己的魔头撕成了碎片。

第五个化身是侏儒,也叫"三步神"。毗湿奴化身为侏儒,与小瞧自己的魔王较量,迈了三步就跨越了三界。

第六个化身是持斧罗摩,以迦摩大格尼即食火仙人的儿子大力罗摩的身份出世,斧子是湿婆给的,用来保卫婆罗门。他扫荡了傲慢的克吉特里亚王族,确立了婆罗门的地位。

第七个化身是《罗摩衍那》中的罗摩,他头戴王冠,深色皮肤,一手持弓,一手拿箭,两边是悉多和拉可石玛那,脚下跪着双手合十的哈奴曼。罗摩是理想国王的象征,悉多是生死与共、忠贞不渝的妻子的象征,哈奴曼是忠诚的象征。

罗摩在神猴哈奴曼的帮助下,打败十首魔王,夺回了自己的妻子悉多。罗摩凯旋的日子成为印度全国的十胜节。每年9、10月间,普天同庆十天,庆祝罗摩打败魔王胜利归来,各地演《罗摩衍那》剧,举行各种宗教仪式来祭祀神灵。

第八个化身是黑天神克里希纳。黑天神克里希纳是理想的爱人,是无数姑娘倾心的白马王子,是可信赖的朋友,是爱民如子的国王,是循循善诱的导师,象征着对幸福和快乐的追求。

克里希纳的形象一般有以下三种:漂亮可爱的儿童形象;风流潇洒,为无数美丽姑娘所倾心的吹着笛子的放牧少年;国王的形象。由于生下来脸黑,故叫黑天神。他与凶狠歹毒的刚沙王(Kamsa)英勇战斗的事迹也广为人知。

第九个化身是佛陀,头顶有发髻,坐在莲花上沉思,慈眉善眼,两耳垂肩,一手抬起,向弟子们传教。他否定了婆罗门的牺牲祭祀。

第十个化身是白马，马头人身，有时白色或深色，看上去很可怕。手持寒光闪闪的利剑，用来斩杀魔鬼，然后破坏旧世界，由梵天重新创造世界。世界濒临破灭，在现世结束之时，毗湿奴手持利剑，化身为白马现身救世。

在这十种化身中，以罗摩与克里希纳最为著名，他们两人均受到印度教教徒的喜爱与赞美，都被看做是毗湿奴神的最重要的化身。

毗湿奴在教徒心目中的影响最大。他与梵天和湿婆的不同之处就在于他最有同情心，他放弃神体下凡，以化身的形象在人间救困扶危。毗湿奴的妻子是财富和吉祥女神拉克西米（Lakshmi）。毗湿奴和拉克西米都很受印度教教徒崇拜，因为他的妻子财富女神慷慨地把财富降于人间。因此，毗湿奴与千家万户同苦同乐，具有爱心和同情心，信徒把他看成自己的神，爱他，崇拜他，无私地信奉他。

毗湿奴的象征物是石子撒拉格拉模（Salagram），这些在甘达可河水里被磨得又光又圆的石子作为毗湿奴形象的替身受到虔诚的信徒们的崇拜。

毗湿奴最迷人的一个特点是他的崇拜者可以用任何形式崇拜他。志愿冥思的人可以崇拜瑜伽（Yoga），想享乐的人可以崇拜波迦（Bhoga），喜欢勇敢的人崇拜威剌（Vira），想征服敌人的帝王、统治者崇拜阿比查拉卡（Abhicharaka）。每种形式的重要性由他周围的神的数目决定，可以是土地女神布戴微（Bhudevi）、他的配偶拉克西米、蛇塞石那格（Seshnag）、半人半鸟坐骑迦楼陀以及其他诸多天神。特别值得注意的是，据说印度教四大圣地（dhams）之一，天堂之门，就是献给毗湿奴和他的化身的。要得到毗湿奴的恩典，不是依靠高贵出身、博学、家财万贯或俗不可耐的东西，而是依靠纯洁而又无私的爱。

与在苦行山上过着清苦生活的湿婆完全相反，毗湿奴过着天王般非常奢侈的生活。《摩诃婆罗多》上描写到，毗湿奴的住所全部是用金子造成的，连柱子都是用宝石做的，清澈如玉般的恒河水流过其宫殿，玉液琼浆般的五个大水池里绽放着蓝、红、白三种颜色的莲花。他的宝座也是用金子做的，形状为光焰四射的太阳，毗湿奴坐在上面，显得更加光彩照人。

随着时间的推移，毗湿奴的崇拜者逐渐形成了一个团体，称为毗湿奴教派。15世纪以来，毗湿奴教派融入了印度教的生活，尤其是印度东部和南部。孟加拉邦的马哈泊拉布、南印度的罗摩奴加都是毗湿奴福音的主要传播地。这种自由的毗湿奴教从婆罗门传统上动摇了印度教。现在，毗湿奴教派在印度和国外有无数的信徒，被看做是当代印度教最突出的教派。

三、毁灭之神湿婆 (Shiva)

印度教三位一体神的第三个神是湿婆，又叫"希哇"，是最受崇拜的神之一。他具有复杂的性格，既是毁灭者，又是生殖力量的象征；既是禁欲的伟大苦行者，又是欢乐的舞蹈之王。佛教称其为"大自在天"，是象征昌盛和吉兆的神；同时又象征毁灭，是起死回生之神。据说，湿婆的别称有 1008 个之多，如"征服者"、"仁慈者"等。

总的来说，湿婆的形象都很帅气。他主要有四种形象：伟大的苦行者，舞蹈之神，毁灭之神，林迦。

毁灭之神湿婆

出处：http://www.yogash.com.cn/Photo/view.asp?id=62

湿婆的形象常被描绘为：腰围一条兽皮裙，脖子上缠一条眼镜蛇，五个头、三只眼和四只手。其中三只眼分别代表着太阳、月亮和火这三种光源，透过这三种光源，他可以透视世间的三类时间：过去、现在和未来。湿婆的第三只眼有着毁灭的能力,是用来摧毁敌人的强大武器。据说,如果湿婆睁开第三只眼,所有的时代都会终结,湿婆也通过睁开第三只眼来拯救世界。有一天,他的妻子帕尔瓦蒂跟他嬉闹,用手蒙住他的第三只眼,顷刻间,整个世界立刻陷入黑暗,所有生命眼看就要灭亡。就在这时,突然从湿婆的前额喷出光焰,照亮了群山,驱走了黑暗。湿婆有四只手,四只手分别持三叉戟、神螺、水罐和鼓,有的为手持拂子、铃、杵、矩尺。他的面部是菩萨相,穿着菩萨装,坐骑是一头白色圣牛。

湿婆身上的饰物是毒蛇和骷髅头。毒蛇代表着死亡,虽然死亡总是包围着湿婆,但他却是超越死亡的;毒蛇同时也代表休眠的能量,这种能量是精神征服的源泉。骷髅头代表时间的循环和人类的消长,也代表周而复始最后的毁灭,这时世间万物全部毁灭,只剩下湿婆一个。

湿婆的虎皮象征着他超自然的能力,因为老虎作为沙克蒂的坐骑,本身就是这种力量的象征。

在印度教教徒心目中,湿婆是一个和蔼的保护神。在恒河女神从雪山天国降临时,水势猛烈,为了不使大水淹没世间万物,湿婆用自己的头发来减缓水的冲击力和流量,最终,恒河之水通过他的长发流到大地上,造福了人类。因此湿婆也被称为"延缓生命之神"。他能降魔伏怪,因此也成为各种妖魔鬼怪的统帅,常常在鬼卒们的簇拥下,参加各种令人可怕的仪式,严厉惩治反叛作恶的妖魔。他也做过许多好事。他为了拯救世界,吞下一种能毁灭世界的毒药,结果药性大作,脖子被烧成青黑色。湿婆慈善的一方面也反映在他睡眠之神的形象上,因为睡眠能减轻疼痛。湿婆是个非凡之神,能把所有厌倦生命、厌倦活动、厌倦痛苦甚至厌倦享乐的人吸进去,使他们进入平静的非存在状态。人们之所以害怕死亡是因为他们不理解死亡。死亡意味着摆脱生命的束缚,就像湿婆一样,毁灭是走向新的存在。

湿婆又是令人恐惧的破坏者。湿婆具有极大的破坏能力,形象恐怖,以骷髅为项饰,怒目圆睁,张开大嘴做怒吼状。湿婆的第三只眼睛长在额头上,发出的神火能烧毁一切,称为"毁灭之火",曾将作恶多端的三座妖魔城市化为灰烬,还烧死了来引诱他的爱神。另外,据说,湿婆一旦发怒是非常可怕的事情,在他发怒之时,众魔会现身,宇宙也将混乱不堪。梵天的第五张脸就是被愤怒的湿婆烧掉的。

湿婆也是一位苦行者,他过着非常清苦的生活,放弃一切人间幸福,专心虔诚地修炼。在印度教的神像中,湿婆经常以瑜伽苦行者的形象出现。

湿婆还是舞蹈之神,他的舞蹈体现着创造与毁灭,是宇宙和世界的舞蹈。相传湿婆是印度舞蹈的始祖,会跳108种舞蹈。他头戴扇形宝冠,右腿独立于熊熊燃烧的火环中央,脚踏侏儒,左脚抬起,四臂伸展,右边两只手,一手持鼓,一手做无畏状,左边两只手,一手托火,一手横在胸前,跳着神秘的宇宙之舞。

湿婆的妻子是雪山女神帕尔瓦蒂,他们在一起象征的是人的整体一致性。湿婆同时又是半湿婆半帕尔瓦蒂即沙克蒂的结合体。这一点深刻地说明了存在和意识的复杂关系。

湿婆经常以林迦的形式被虔诚的信徒们崇拜。林迦,即男性生殖器,是湿婆最流行的一种形象。林迦由一根黑色的石柱雕成,供奉在神庙或神龛中。在印度教圣地哈德尔瓦和瓦纳拉西,庙里都有放置在石雕磨盘状的约尼上的林迦,象征着阴阳交合而产生的创造力和生殖力。

湿婆最出名的象征物是三叉戟,代表四种形象。第一代表大自然的三个方面:光明(sattva)、阴暗(rajas)和黑暗(tamas);第二代表三种功能:创造、保护和毁灭;第三代表雷电,因为湿婆是暴雨之神;第四代表湿婆惩治作恶者的公正形象。

湿婆又是幽灵之神、医药之神,人们向他祷告,乞求他保佑治好病。在没有庙的地方,人们在树下放一块不规则的石头来代表他。他还控制着癫痫病人,人们献上贡品,求他让病人恢复健康。

3.2 印度教的三大女神

印度教的三大女神为三大神的配偶,即梵天的妻子萨拉斯瓦蒂、毗湿奴的妻子拉克西米以及湿婆的妻子帕尔瓦蒂。

据说,最初三大神梵天、毗湿奴和湿婆都是光棍汉,身体内积聚的能量等适当的时机来释放。三个神在毗湿奴的住处开会讨论如何处置安达卡。安达卡是黑暗之魔,他竟然胆大包天地偷走了天宫的芭里加特树。三神没有了主意,面面相觑,眼光碰到了一起,一下子三神积聚的巨大能量碰撞,碰撞出一个光彩照人、美丽无比的女子。三神都说女子是自己的配偶,争得不可开交。无奈之下,女子把自己一分为三,变出了代表过去的白色女神,即梵天的妻子萨拉斯瓦蒂;代表现在的红色女神,即毗湿奴的妻子拉克西米;以及代表将来的黑色女神,即湿婆的妻子帕尔瓦蒂。从此,三大神靠着妻子的协助斗魔鬼。三大女神代表道德和力量,成为崇拜者精神的灯塔。

一、辩才天女萨拉斯瓦蒂(Saraswati)

辩才天女萨拉斯瓦蒂

萨拉斯瓦蒂是梵天的妻子。她是知识和智慧的象征,是文艺和智慧女神,被称为"吠陀之母"。传说她是梵文的创造者,是一切文学、艺术和科学的保护神,掌管着语言、诗歌、绘画等。每个教徒都崇拜她的智慧。同时她也是音乐女神,被称为"妙音天"等,擅长弹奏维娜琴。

她皮肤雪白，明眸皓齿，眉毛上有一弯月牙，身着一袭白衣，头戴白色花冠，骑白天鹅或孔雀，四只手分别持有维娜琴、贝叶书、念珠和莲花。在一些雕塑中，她的形象往往是手里拿着维娜琴，身穿一袭素衣，坐在白色莲花座上，由天鹅或孔雀陪同。同其他神在一起时，是站姿；独立出现时，是坐姿。

其中，"天鹅"象征要从生活经验中筛选知识；"孔雀"象征自我，因为人们必须时刻克制自己；"念珠"强调祷告的重要性；"贝叶书"表示知识是人们的精神支柱；"一袭白衣"象征知识的纯洁性，因为吠陀传统把知识同白色联系在一起，她把力量和知识送给她的信奉者和她喜欢的人；"眉毛上的月牙"同作为生存之根本的水有关。

二、吉祥天女拉克西米(Lakshmi)

吉祥天女拉克西米

出处：http://www.yogash.com.cn/Photo/view.asp?id=113

毗湿奴的妻子，也被称为"吉祥天女"，是印度教的吉祥女神、幸福女神,主宰幸福美满;同时也是财富女神和生命保护之神。她的生命与水息息相关,所以也是圣河的象征。

在最古老的印度教神话中,她与大梵天、俱毗罗、因陀罗联系在一起,是佛教的护法天王。在毗湿奴崇拜中,她起着沙克蒂女神的重要作用,是核心的超自然的本源。古代圣典上描写毗湿奴和沙克蒂永远不分离。

有关拉克西米身份的神话传说很多。佛教传说她是毗沙门天王的妹妹,因毗沙门兼任婆罗门的财神,所以她也是"财富女神";又因为她功德圆满,并有大功德于众,因此还是一位大功德神。吉祥天女长得十分漂亮,所以又是一位美丽女神。有的印度教神话说她是在天神和阿修罗搅乳海时,坐于莲花上手持莲花出世,所以又有"乳海之女"的名字。

拉克西米是美丽温柔的象征,形象端庄,光彩照人,散发荷花香气,面带微笑,头戴珠宝王冠,身着华丽服装。她的坐骑是莲花、金翅鸟和猫头鹰。

她和毗湿奴在一起时有两只手,一手持莲花,一手洒金钱。但单独出现时有四只手,其中两只左手一只手持从海里夺来的净水瓶,另一只手拿着海螺,表示她和毗湿奴打成一片;两只右手一只手拿着幸运果,另一只手拿莲花。

她通常和丈夫毗湿奴一起坐在莲花座或半人半鸟兽迦楼陀身上。莲花是纯洁、美好、爱情、和平的象征,同时表示清清白白生活的重要性,没有清白光有财富是很危险的。

有时拉克西米的另两手空空,一只手手掌向上,五指指向前方,做出无所畏惧的姿势,另一只手做出给人间赐予美好和富贵的姿势。

三、雪山女神帕尔瓦蒂(Parvati)

湿婆的妻子是帕尔瓦蒂,她是雪山女神,也是婚姻和家庭之神。帕尔瓦蒂既有生殖的神力,又有毁灭的神力,与湿婆是绝配的一对。

传说她是雪山喜马拉雅山的女儿,温柔、美丽,爱上了正在雪山修行的湿婆,湿婆由于潜心修行而拒绝了她的爱情。帕尔瓦蒂痴情不改,在雪山苦苦修行千年,终于赢得湿婆的欢心,成为湿婆的妻子。她的前身是萨蒂,因父亲当众辱骂湿婆愤怒而自焚,后"萨蒂"成了印度妇女自焚殉夫的

代名词。

帕尔瓦蒂也是性力女神温柔善良的化身，美丽，圣洁，以花环为项饰，长发披肩，面带微笑，身旁是手持三叉戟的湿婆。

湿婆、湿婆妻子雪山女神帕尔瓦蒂及他们的儿子象头神迦内沙

出处：http://www.yogacharm.net/yogazs/2009/0423/article_300.html

但她也经常以不同的外形出现，据说帕尔瓦蒂有十个化身，但最重要的化身有两个，一个是"难近母"杜尔迦，另一个是"时母"迦利女神。其他八个化身分别为：十臂者、杀摩熙舍者、骑狮者、养育世界者、散发者、星、无头者、世界美人。因此，她既有温柔美丽的一面，也有恐怖的一面。

作为"难近母"杜尔迦，她外形华贵漂亮，是温柔的帕尔瓦蒂的正义化身，是正义、光明和力量的象征，印度教性力派把她奉为主神。她头戴王冠，神情严肃，骑猛虎或雄狮，有十只手，分别拿剑、三叉戟、转轮、莲花等。她的使命是降妖驱魔，消除灾祸，征服邪恶。帕尔瓦蒂的这种形象被崇拜为宇宙主宰，就连湿婆都因为她的美德而存在。

对杜尔迦的崇拜最早可以追溯到公元1世纪的马图拉一带。魔鬼玛黑沙素拉通过修炼，魔力无比，对众神造成很大威胁，众神乞求杜尔迦来制服魔鬼。梵天、毗湿奴以及湿婆把他们的面部光彩结合起来，创造出了漂亮无比的女人,这个女人把众神的能量和武器如三叉戟、转轮、标枪、剑搜集起来出阵对付魔鬼。有趣的是,虽然杜尔迦是全副武装的勇士,却有帕尔瓦蒂的漂亮特征。战斗进行了九天,玛黑沙素拉不断变化,引诱杜尔迦上当,最后变成一只水牛,被杜尔迦一刀杀死。魔鬼被消灭,天上又恢复了宁静。

当帕尔瓦蒂以杜尔迦的形象出现时,她有十只手臂,手持十种武器。这十种武器由不同的神送给她,供她斩妖除怪。她骑着狮子,毫不留情地斩杀神的敌人。她是道德的捍卫者,横扫愚昧无知。她是世界创造、保护和再吸收的象征。

在印度西孟加拉邦,每年都要为杜尔迦女神举行盛大庆典。每年节日前夕,人们精心制作杜尔迦女神的神像和神车。漂亮的杜尔迦骑在老虎背上,十只手做宰杀魔鬼的姿势。但她的眼睛只能在节日当天画上,否则,女神会立即下凡。节日的头六天,要每天诵经。第七天开始举行庙会,演出民间戏剧、舞蹈等。第十天开始盛大的游行活动,人们簇拥着神像和神车游行,身着节日盛装的妇女围绕神像跳舞。然后举行送别女神的仪式,每个已婚妇女都要在女神的发际线上涂抹朱砂粉,向女神告别。男人们吹着螺号,摇着金铃铛,簇拥着神车来到圣河边。当太阳落山时,人们便把神像放入水中。在一片欢呼声中,女神随着波涛渐渐远去,庆祝活动也到此结束。

在东印度帕尔瓦蒂被描绘为"时母"迦利女神,代表进步崇拜,她是凶恶、恐怖的象征,性情残暴,凶狠,嗜杀成性。她斩杀魔鬼,所向披靡,赤身裸体,皮肤黝黑,项戴骷髅,象征她是魔鬼的克星,怒目喷火,獠牙外露,血红的舌头伸出口外,四只手分别持有三叉戟、利剑、滴血的人头和盛血的碗,喜欢孤身处于无人郊外,甚至常去火葬场。

迦利女神丑恶的形象表明她对一切无所畏惧,也保佑她的崇拜者无所畏惧,戴的骷髅表明她既帮助活着的人也帮助死去的人,人头和血碗表明她斩杀魔鬼所向无敌。

每年12月的迪瓦利节,当印度西部崇拜拉克西米女神时,在东印度,特别是西孟加拉,崇拜迦利,到处都有迦利的形象。节日晚上崇拜结束之后,人们把神像送回圣河里。加尔各答的迦利卡特有一座迦利神庙,每天有无数的朝拜者。

帕尔瓦蒂以歌莉(Gauri)的身份出现，象征着生育力和绿色牧场的丰产女神或食物女神，因而人们称她为"丰衣足食之神"安那普尔那(Annapurna)。虽然她的创造象征约尼同湿婆的林迦放在一起，但她从来没有当上母亲。因为众神担心她和湿婆结合生下的孩子会比他们自己更强大，恳求他们不要生孩子。为了不让众神担心，湿婆答应不要孩子，帕尔瓦蒂只是名义上的母亲。他们的儿子迦内沙不是从子宫生出来的，而是摩擦帕尔瓦蒂的身体而来的。

帕尔瓦蒂的形象大多是与湿婆及儿子迦内沙在一起，享受天伦之乐。湿婆作为苦行者，从来不为崇拜者的祈祷所动，只有帕尔瓦蒂请求时他才答应，赐福于崇拜者。

在这里，值得一提的还有，帕尔瓦蒂又是大女神黛微，还是温柔的光明之神、美神。她的父亲代表苍天，母亲美那卡代表才智。她慈祥，宽厚，不持武器，除了跟湿婆在一起没有单独的崇拜。二位神被合为阿尔得那瑞什瓦拉(Ardhnarishwara)，使他们的结合达到顶点。

沙克蒂是万能的神母黛微的代名词，她创造三界的宇宙能量，连大神湿婆也为她歌功颂德，她的思想渗透在梵天与毗湿奴大脑中，连上帝创造世界也靠的是她的能量。她是与宇宙结合在一起的活跃女神，经常以任意一个湿婆配偶的形象显身，如帕尔瓦蒂、萨蒂、乌玛、迦利、杜尔迦等等。

当黛微以萨蒂的身份出现时，作为保护之神的丈夫湿婆也吓得连大气都不敢出。据说，萨蒂想回娘家，湿婆替她着想，不让她去，萨蒂便声明自己是创造之母，湿婆对此也无可奈何。而且，她不断变换身份，一会儿是温柔的侃尼雅，一会儿是疾病之神西塔拉，一会儿是地母神高瑞，一会儿又是斩杀魔鬼的恐怖之神迦利和杜尔迦，弄得湿婆无可奈何，只有点头称是。连湿婆也承认，如果没有萨蒂，他便无法创造，也无法毁灭。神母对妇女特别善良，倾听她们为丈夫和孩子的幸福而做的祈祷。实际上，神母体现了神性的两面性，温柔又凶恶，漂亮又丑陋，贞洁又放荡。

对沙克蒂的崇拜是印度历史与文明的一个重要组成部分。所有古代文明都有神母万能的观念。对神母的崇拜，早在公元前5—6世纪印度河谷文明时期就以神像的形式出现了。

黛微统治生活的各个方面,常常被人们以群体信奉,如七个神母玛特瑞加司(Saptamatrikas)、九个杜尔迦(Nav Durga),不过这些都是大女神玛哈黛微(Mahadevi)的表现形式。创造出七个神母是为了击败行凶作恶、竟然企图绑架湿婆妻子帕尔瓦蒂的魔鬼安达卡苏拉(Andhakasura)。湿婆想杀死他,但结果是这个魔鬼的每滴血掉到地上便生出几个小魔鬼。湿婆于是变出越格式瓦瑞(Yogeshwari)来把血挡住不要让血流到地上。梵天、毗湿奴、湿婆的化身玛黑时瓦拉(Maheshwara)、毗湿奴的化身考玛拉(Kaumara)、瓦拉哈(Varaha)、因陀罗(Indra)、死亡之神阎摩(Yama)七个神都前来助战,打败了安达卡苏拉。

也许梵天、毗湿奴、湿婆削弱了三个女神妻子的神力,但神母的两个最得力的化身杜尔迦和迦利却神力不减,享受应该有的崇拜。在这些化身中,女神不从属于男神,而本身就是神的最高化身。

不管神母走到哪里,不管以什么化身出现,她都是万物之源,是世间创造之神,是力量和温柔的结合体,处于创造和存在的中心,她是人类富贵和幸福的给予者。

3.3　印度教的吠陀神

除上面提到的诸神之外,吠陀神也是值得一提的。吠陀神指《吠陀经》中描写的神,他们是雅利安人创造的神,但不能否认有早期达罗毗荼人的影响。他们分别是:雷电之神因陀罗(Indra),河流之神瓦如那(Varuna),太阳神苏利耶(Surya),火神阿耆尼(Agni)以及风神伐由(Vayu)。他们都先后出现在《吠陀经》中,反映了早期人类对大自然的崇拜。同时反映了他们对大自然的不理解,故认为所有自然现象都由神来操纵、掌握,表现了人类在大自然面前的无可奈何。

一、雷电之神因陀罗(Indra)

因陀罗是天帝,是雷电之神,同时也是众神之首、万神之王。佛教称其为"帝释天",又称"帝释"、"天帝释"等,梵文译为"因陀罗",意思是"最优秀、最优越、征服"。

因陀罗风流漂亮,四只手,前两只手握着长矛,第三只手掌着雷电,第四只手空着。坐着马拉战车,风神伐由为他赶车。喜欢喝苏摩酒,据说因陀罗也是靠畅饮苏摩酒来增强他的力量的。

因陀罗是吠陀神中最突出的神,他原是阿玛拉瓦提(Amaravati)王国的国王。因陀罗也是雷电之神,在干旱的季节里,他为世间万物降下甘霖,因此受到人们的尊敬。他的武器是雷电,虽然他有这么有力的武器,但人们认为他是和平的象征。据说,每年夏天,他放出雷电,带来大雨,提醒人们不要忘记他。他带来的雨水使万木欣欣向荣、五谷丰登,因而有时人们把他看做丰产之神。他永远年轻,具有所有年轻人的特点。他易冲动,有英雄气概,朝气蓬勃,是服务于人和神之间的象征。他的一生就是忠心耿耿地保卫任何动物,粉碎魔鬼的阴谋。他与魔鬼战斗的故事不可胜数,众神经常求他用雷电来击毁魔鬼。

在印度教的诸神崇拜中,因陀罗的地位比三位大神低。他的领地是天空,坐骑是白象,传说,白象嘴里的四颗牙齿就是天地的四个支撑点。

因陀罗在每个节日的开始被人们当做世界守护神之一来崇拜。在印历帕得拉(Bhadra)月(8—9月)的第十四天,印度东部专门举行因陀罗节,节日的第二天,人们把他的像放回水里,求他让人间风调雨顺。

二、河流之神瓦如那(Varuna)

他是风浪、河流之神,流动之神,是渔民的保护神。他有四张脸,千只眼,肤色雪白,身披金色斗篷,手拿捆绑邪恶之人的绳索。

在印度教神话中,瓦如那起初是宇宙法则之神,承担着维护天上诸神秩序的重任,他明察秋毫,忠于职守;但因为他工作过于严格认真,引起诸神的不满,后来被废除了权力,成了管理大海、河流的水神。

作为水神,瓦如那毁灭了水底世界所有的魔鬼,制服了名叫马克拉(Makara)的妖怪。在印度,很少有他的具体形象出现,但人们每天都把他当做保护神之一来崇拜。据说瓦如那居住在水底的朴时帕格里(Pushpagiri)山,坐在白色浪花之上的马车上,大浪组成了无数拉车的马。

三、太阳神苏利耶(Surya)

苏利耶代表太阳的能量。他相貌堂堂,红脸,金眼金舌,三眼四臂,两只手拿着百合花,另外两只手做祝福状,坐在红色莲花上,浑身闪闪发光。有时坐一辆由七匹马拉的金光闪闪的战车,七匹马代表每周有七天。他给人类以光和热,人们之所以崇拜太阳神是因为太阳代表生命,日出代表生命的开始,日落代表生命的结束。

有关他的传说特别有意思。据说,他生下来时丑陋无比,无手无脚,体宽与身高相等,能像圆球一样滚。因此,众天神将他改造成了凡人。长大结婚后,他有了一对双胞胎分别叫阎摩(既是死神,也是正义之神)和阎密。他的妻子萨拉尼尤因为本来就不喜欢他,所以变成母马跑了,跑时将自己的影子做成了一个假人叫桑吉娜,苏利耶与桑吉娜生下了摩奴(人类始祖)。最后,苏利耶发现妻子换人了,于是就把自己变成公马,将妻子找了回来,又生下了孪生兄弟双马童(医术之神,也有人称他们为黎明之神)。

一般人认为太阳神很粗暴。他的另外一个名字叫拉威(Ravi),印地语中的星期天叫拉威日,就是专门为纪念他而起的,因而,星期天就变成了太阳神的崇拜日。他又是唯一在庙里有神龛的吠陀神。

印度有三个太阳神圣地,一个在古加拉特邦的毛得拉,一个在克什米尔的马儿塔得,最有名的是奥里萨邦的克拉拉庙,三个庙都在千年以上。传说,苏利耶每天坐着马车在天上巡游,慷慨地把光和温暖送给人间。

四、火神阿耆尼(Agni)

在印度教神话中,阿耆尼是火神,他是天神与地神的孩子。

阿耆尼把光和温暖、欢乐带给人间。他是祭祀、典礼的保护者,是祭火的化身。他全身通红,有三个火光熊熊的脑袋,三腿七臂,戴着果环,坐骑是公羊。其中三条腿代表三堆火:仪式之火、婚礼之火和祭祀之火,也代表他的力量所及的三界:天上、阳间和阴间。

阿耆尼出生时,天神们正要举行祭典,他们希望阿耆尼成为祭品的携带者,可阿耆尼非常恐惧,因为当祭祀之火熄灭时,他也会随之死去。于是,他逃跑了，躲到了水里。由于火神藏起来了，所以夜晚就没有了驱散黑暗的火光，于是妖魔就横行霸道，天神们决定找回阿耆尼。因为躲在水中，阿耆尼被鱼类发现，鱼类告知了天神阿耆尼的藏身之地。这使得阿耆尼对鱼类十分生气，他诅咒鱼类将被火煎炒之后摆在人类的餐桌上，从那以后，鱼类就成了人类餐桌上的食物。阿耆尼被找到之后，梵天恩赐他与众天神一样可以长生不老，于是，阿耆尼重回大地，成为祭祀的主宰。

阿耆尼的力量很强大，曾与因陀罗对峙。印度教神话中讲到了他的三次诞生：一次是在天上诞生成为太阳；一次是在空中诞生成为闪电；还有一次是诞生在地上，成为人们用来祭祀的圣火。

在印度，对阿耆尼的崇拜无处不有，凡有仪式，就有火，有火就有对火神的祭拜。到了春季末，当信徒们感受到阿耆尼的威胁时，在印历玛克（Magha）月（11月，公历1—2月）的月圆之日，整个次大陆连续三日祭拜阿耆尼。人们恭敬地高举他的神像，因为所有献给神的礼物都由他看管。按照吠陀的观点，阿耆尼是每天敬拜必不可少的一部分。雕刻家把他的塑像造为全身漆黑，戴着冒烟的头饰，手持标枪，飞奔时马车喷火。

五、风神伐由（Vayu）

伐由既是风神，又是众神使者。他主宰大气，给人们以呼吸的空气，给宇宙注入生命。

风神的形象一般是：红色或紫色，骑着因陀罗的成百上千匹马拉的战车，快速，敏捷，来无踪，去无影，通常只闻其声，不见其形。有时身着白衣，举着白旗，象征洁净；有时一身蓝衣，坐骑为羚羊，一只手拿箭，另一只手拿旗子，怀里抱着儿子哈奴曼。

伐由的部下是成千上万的马匹。他往往是赶在雨雪降落之前，狂吼一阵，刮起大风，吹起尘土，接着，雷电之神会在空中闪电打雷，随后雨雪降落到人间。

他被人们爱戴的另一个原因是：他是香气之神、叶子之神和种子之神，在吠陀时代能使人返老还童。

六、月神苏摩(Soma)

苏摩原本也是一个武士。他是星辰、祭司、植物和仪礼的主宰者。"苏摩"本是一种植物,经过处理和发酵后酿成苏摩酒,后来逐渐演变为对月神的称呼。

传说,苏摩在做了月神之后,便开始骄傲自满,胡作非为,抢了祭主的妻子陀罗。诸神不满,向因陀罗告状,要求苏摩放了陀罗。但由于有阿修罗的支持,苏摩对诸神的要求置之不理。后来,诸神与阿修罗展开了一场大战,残酷而疯狂,连大地女神也为之颤抖,她请求梵天来调停并制止这场可怕的战争,于是双方停战,苏摩也将陀罗送还。

苏摩将祭主的妻子送还后,一口气娶了达刹的 27 个女儿做妻子,但由于他未能做到公平对待每个妻子,达刹就诅咒他永远不健康。后来,天神们替苏摩向达刹求情,让他解除对苏摩的诅咒。达刹要求苏摩用水洗净自己的罪孽,渐渐地,诅咒便可解除。但在以后的日子里,有半个月的时间,他逐渐消瘦,另外半个月,又逐渐丰满起来。苏摩也接受了教训,对 27 个妻子一视同仁。从那以后,每个月,月亮都有圆有缺。

3.4 印度教的其他神

一、人类始祖摩奴(Manu)

前面提到过,摩奴是太阳神的儿子,也是梵天的孙子。他是一位出类拔萃的修行者。摩奴具有无穷的法力,他在波涛壮阔的枣树河边修行,长达千年之久,他苦行的法力比他父亲、祖父还要高出一等。

有一天,正在河边苦行修炼的摩奴,救了一条小鱼,这条小鱼是大神毗湿奴的化身。后来,他在这条鱼的帮助下,建造了一条非常结实的大船,在洪水来临之际,躲过灾难。灾难过后,毗湿奴大神现身,将创造新世界的任务交给了摩奴,摩奴也因此成为了人类的始祖。

二、天神之敌阿修罗 (Asuras)

在印度教神话中,阿修罗意味着魔鬼,是一群追求力量的神族。

阿修罗的出生要早于所有的天神,是天神的兄长,他们拥有强大的军队和无穷的法力。起初,阿修罗的品德都很高尚,能够谨慎从事,不逾规矩,梵天很喜欢听他们的话,他们也掌握着宇宙的控制权。

然而,渐渐地,他们变得骄横跋扈,目空一切,不把众神放在眼里。于是,天神和阿修罗之间产生了矛盾,而且矛盾愈演愈烈,最终导致战争。天神在因陀罗的率领下,与不可一世的阿修罗交战,最终,天神摧毁了阿修罗的老巢三连城,成为了三界的统治者。

三、神猴哈奴曼 (Hanuman)

神猴哈奴曼

在印度教神话中,有一个叫哈奴曼的神猴,是风神之子,他出自于史诗《罗摩衍那》。他是勇敢、机灵、神通广大和忠实的象征。

哈奴曼的形象一般是:人身猴脸,胸前打开,能看见赤胆忠心,心上印着他的主人罗摩和悉多。

关于哈奴曼的出生有两种传说,一种说法是:风神伐由疯狂爱上被罚在人间做女猴王的女神安嘉那,生下儿子哈奴曼;另一种说法是:女神安嘉那吞下为罗摩岳母凯克易准备的米糕后生下哈奴曼。

哈奴曼自小就很勇敢、能干。他误以为太阳是可以吃的东西,跳起来想吞下去,太阳逃跑,他就一直追,最后,追到了因陀罗的住处。因陀罗大惊失色,一弩箭打过去,结果打坏了他的脸面,从此人们叫他"长下巴"。他的父亲风神伐由为报复众神,让微风不吹动,便使世界没有了产生生命的空气。众神向哈奴曼求情,梵天保佑他打仗时刀枪不入,因陀罗也向他认错,保证以后再不伤害他。

在《罗摩衍那》中,当罗摩的妻子悉多被十首魔王罗婆那劫走后,哈奴曼帮助罗摩战胜了十首魔王,帮助罗摩夺回了爱妻悉多,恢复了王位。

哈奴曼古灵精怪,勇敢善战,神通广大,会变化,能隐形,还能纵身跃过大海,只手托起高山;而且能够忠于誓言,虽遇种种艰难险阻,始终不改初衷,因此,哈奴曼也被认为是忠实的象征。哈奴曼作为勇敢、力量和忠实的象征,受到印度人的崇拜,到处有神猴庙和神猴像。另外,据季羡林先生的考证,中国神话故事中的孙悟空,原型就是哈奴曼,这也从侧面说明了印度教对中国佛教的影响。

四、象头神迦内沙(Ganesha)

象头神很受印度教教徒崇拜。在印度教教徒的生活中,无论什么时候,他都是吉祥之神、智慧之神和灵性之神,他能为人们排除生活中的任何障碍,并为恶行设置障碍。

迦内沙的形象一般是:象头人身,大肚子,大耳朵,四只手,分别持有斧子、权杖、盘子和自己的断牙。

关于迦内沙的出生,有两种传说。一种传说是:象头神是雪山女神帕尔瓦蒂用自己身上的污垢做出来的,他本来是一个英俊、强壮而杰出的小男孩,是雪山女神最信得过的仆从。但由于男孩只知道忠实于雪山女神的吩咐,结果惹怒了湿婆,湿婆一怒之下用三叉戟砍掉了男孩的头。雪山女神得知自己的儿子被湿婆杀死了,非常愤怒,于是造出了十万沙克蒂来杀死湿婆的仆从,甚至要杀死众天神。后来在那罗陀大仙的劝说下,雪山女神的怒火熄灭了,但条件是必须让她的儿子复活。于是,在湿婆的指示下,天神们找到了一头大象,将其头砍下带回,湿婆将象头安在那男孩身上,于是,象头人身的男孩复活了,众天神对着象头神纷纷顶礼膜拜。

象头神迦内沙

　　另一种传说是:魔鬼们苦修多年,讨好湿婆,湿婆大悦,有求必应,赐予他们力量和不朽。于是魔鬼们有恃无恐,向众神发动战争。因陀罗与其他神求湿婆发慈悲,创造一个神来对付魔鬼,不要让他们得逞。湿婆说,由于他自己不能惩罚魔鬼,因而要用他的神力造出一个儿子,既当障碍之神,又当除障碍之神,于是迦内沙就生了出来。

　　因此迦内沙既有动物的体力,又有人的智慧,成为知识和智慧的化身。

　　关于迦内沙的断牙,有两种说法。一种说法是:他对父母很有孝心。有一次,毗湿奴的化身持斧罗摩前来拜望父亲湿婆,他不让客人进门,说父亲正在睡觉。罗摩要强行进门,二人打了起来。罗摩一气之下挥起斧头,迦内沙认出斧子是父亲所赠之物,不能掉到地上弄脏,于是一下用鼻子卷起斧子,由于用力过猛,摔断了一颗牙。另一种说法是:迦内沙是《摩诃婆罗多》

的作者,毗耶娑大仙把故事口授给他,正当他忙于记录时,笔突然断了,他不忍心打断毗耶娑,悄悄碰断自己的牙尖,继续记录。因而他博学,精通经典。

迦内沙的大耳朵象征着任何想要学知识的人都要少说多听。大肚子象征着心宽度量大,而且活着不能光想好事,因此,生活中不管是一帆风顺,还是坎坷不平,都要平静地接受。他的大肚子就是世界,缠绕在肚子上的蛇象征着支撑宇宙的能量。

迦内沙的坐骑是老鼠,老鼠虽小,但却象征着巨大的精神力量。生灵无论大小,精神都一样。一只老鼠可以通过咬来毁掉一座大楼,吞吃掉无数的粮食;同理,人的贪婪、欲望等日积月累,也可以毁掉自己。

迦内沙的四只手代表四部《吠陀经》,或他确立的四个种姓。他一只手里的绳索表示他防止任何东西影响对他的崇拜;另一只手拿的厉钩表示他无所畏惧,包括不受时间和死亡的羁绊,以及任何凡人都可以敬奉他,赎罪。迦内沙通常与父母亲湿婆和帕尔瓦蒂一起受崇拜,他自己代表大象,是深刻的精神知识的象征,是音乐和舞蹈的最高鉴赏家。

五、战神迦烯吉夜(Kartikeya)

迦烯吉夜也是湿婆和帕尔瓦蒂的儿子,是迦内沙的弟弟,战神,一人独立作战,保护印度教众神。

他异常漂亮,被描绘成红色,手里拿一只锋利的矛,表示才智的敏锐;但他的本色是黄色,手拿弓箭。他全副武装,骑着孔雀,孔雀象征自豪和自我,他担任天神军最高统帅的角色。

关于迦烯吉夜的出生,有三种传说。一种说法是:梵天在无意中给魔鬼塔拉卡永远不死的本事。魔鬼塔拉卡修炼一千年,把自己埋在土里又从水里冒出来,身体在烈火中千锤百炼。但梵天同时又给他一个致命的弱点,只有湿婆的儿子能杀死他。但湿婆和妻子帕尔瓦蒂长时间没有孩子,正在绝望时,火神阿耆尼乘湿婆不在时来拜访,他决定把湿婆的种蛋带回去,背着种蛋让孩子出生。他变成一只鸽子飞走,但湿婆大神的种子太沉,他带不动,掉到了恒河里。种蛋摔到了恒河岸边,圣河的水滋育了种子,长出一个美得像月亮、亮得像太阳一样的男孩。有六个公主到河里洗澡，看见了孩子，她们发现孩子长得很漂亮，于是争先恐后地宣布孩子为自己的儿子。为了使六人高兴，迦烯吉夜变出六个脑袋让她们每个人都能喂养。迦烯吉夜的六个头象征着五个感官和一个大脑，合起来象征着精神上的成长。

另一种说法是：迦烯吉夜是梵天应因陀罗的请求而创造的。传说，魔鬼战胜了众神，因陀罗在森林中遇见一个女人，她的名字叫戴瓦森纳，是众神的臂膀，但她臂膀无力，乞求因陀罗帮她找一个臂膀有力的丈夫。于是，因陀罗说服梵天为了大家的利益满足她的愿望。因此，梵天巧妙地让火神阿耆尼通过达沙的女儿丝瓦哈生了个儿子。因为达沙是湿婆的岳父，丝瓦哈是达沙的女儿，帕尔瓦蒂又是达沙的女儿萨蒂的化身，于是湿婆和帕尔瓦蒂认迦烯吉夜为儿子。

还有一种说法是：湿婆明亮的眼睛放出的灿烂火花落到了撒拉瓦拉湖里，生出六个可爱的男孩。帕尔瓦蒂看见孩子欣喜若狂，紧紧抱住孩子，但因用力过大而把六个孩子的身子压成一块，可六个头和十二只胳膊还在。

在南印度，有好多迦烯吉夜的庙，北印度没有他的庙，因为那里的人认为，任何女人只要看他一眼就会成为寡妇。也许认为他是个光棍，对女人有偏见，因而没有女崇拜者。他唯一的妻子算是戴瓦森纳，但她是神臂的人格化，不是女人。

印度教的神数量巨大，名称繁多，以上只是对人们所熟知的、具有代表性的一些神所作的简单介绍。

4　神秘的动植物崇拜及其象征意义

印度是一个宗教王国,既有一神教,也有多神教。印度人崇拜的神实在是太多了,他们认为万事万物都具有神性,都可以为神,都应该或是值得崇拜的:植物是神,动物是神,石头是神,山川是神,河流是神,更有男神、女神、大神、小神、天神、地神之分,神化的人、神化的物随处可见。这就是印度文化独有的特色,历史悠久且变化万千。

印度教对植物和动物的崇拜尤为突出。植物和动物历来都是对人们有用的东西,它们对人类的奉献是无私的、不求回报的。也许正是这种与人类太不相同的无私给予,使得人类反而愈加崇拜它们、神化它们,这种崇拜中有一种敬畏的意味。从印度教教徒崇拜动植物的历史渊源、神话依据或崇拜形式等因素上,我们或许可以得出一个结论:人们敬畏的并不是动植物本身,而是动植物背后那种他们认为能够左右命运的超自然力量,因此,与其说是因为喜欢而崇拜,倒不如说是因为敬畏而冥冥之中不得不敬拜吧。

在印度教教徒的宗教习俗和崇拜中,对动植物的神化是一种十分重要的现象。对动物和植物的崇拜是一体的,有神圣的植物的地方,就有神圣的动物出现,受人们的敬拜;有动物崇拜的地方,动物们栖息的植物,如树木等也会受到崇拜。

就拿印度圣树菩提树来说,在印度的某些丛林深处,菩提树一直在为动物们提供自然的保护所。菩提树树干上红色的无花果一直吸引着鹿和猴子前来采摘;各种鸟儿和蜜蜂也在菩提树上安家;而像蛇、昆虫这样的动物则会选择在菩提树的根部或在其枝干中的洞内居住。人们崇拜菩提树,也就会自然而然地敬拜这些生命。当然,这也许只是信徒们崇拜动物的一个表面原因,体现不了他们对动植物的那种虔诚、神圣的崇拜。

下面的内容详细探究了印度教的动植物崇拜的各个方面。

4.1 神圣的动物崇拜

自远久的古代以来,大地上就有了热血动物和人类,空气和水就成了人类离不开的东西。从神话时代开始,动物就颇受珍爱,被看做是印度教符号。

考古证明,在古代的房屋和庙宇里就有这些神圣的动物符号;在印度现代的一些工艺品上,也有各种动物图案,如犀牛、大象、蛇、羚羊及山羊等。其中最常见的是头上长着短角的独角公牛,有人说,这种独角公牛就是后来的林迦崇拜的象征,也有人认为它的象征意义还不确定,仍然是一个谜。总之,印度教教徒的崇拜中不可能少了神圣的动物。

从前面的内容我们知道,所有的神都有鸟或兽作为坐骑。随着时间的推移,这些动物成为印度教重要的崇拜对象,成了动物神。这些动物神有:毁灭之神湿婆的坐骑公牛南迪(Nandi);火神阿耆尼的坐骑山羊(He-Goat);风神伐由的坐骑羚羊;阎王神阎摩的坐骑水牛;辩才天女萨拉斯瓦蒂的坐骑是可以把牛奶从水里分开的天鹅(Swan);保护之神毗湿奴的坐骑是半鸟半人的迦楼陀;宇宙法则之神瓦如那的坐骑海怪;爱神卡玛(Kama)的坐骑鹦鹉;战神迦烯吉夜的坐骑孔雀等等。

早在史诗和神话传说时代就有关于鸟兽作用方面的记载。在《罗摩衍那》中,当罗摩的妻子悉多被十首魔王罗婆那劫走时,在半路上,魔王遇到了金翅鸟王阇陀优私(Jatayus)的顽强拦截,受了重伤。而且,如果没有猴子军的助战,罗摩不可能最终打败十首魔王,夺回自己的妻子。在印度教神话中,有很多故事也是与动物有关的,如:大鹏金翅鸟救母的故事、天鹅做媒的故事等。

一、神牛崇拜

印度人对牛的敬仰由来已久，据说是始于雅利安游牧民族入侵时期，已有三千五百多年的历史。也有人认为，敬牛之传统可追溯到更为久远的古代，古老的《梨俱吠陀》里有许多赞美牛的颂歌。而且，据《吠陀经》中的描述，雅利安民族是一个热情奔放、精力充沛的民族，雅利安人给印度带来了许多如今在印度仍有影响的传统习惯，其中就包括他们视为珍宝的牛。雅利安人对牛十分敬重，他们把这种习惯也带给了印度人。

神话学者的研究表明，印度教教徒崇拜牛也是爱屋及乌，印度教大神湿婆的坐骑南迪就是一头威武高大的神牛。湿婆教派学者认为，把牛和湿婆神联系起来的理由很简单，就是象征雄性的性力、威猛和体力。不过，现在把南迪描绘为驯服的湿婆坐骑，其象征和杜尔迦的坐骑狮子有所不同，南迪被看做是坚如磐石的正法(dharma)的象征。学者认为，南迪代表湿婆烧毁懒惰、无知和邪恶的能力，保证生育更新，形成人们正确的动机，产生宗教灵感的能力，因而它使所有层次的正法蓬勃发展的条件永恒不朽。

在印度，牛不仅是可爱的，而且是可敬的。无论是在城市还是乡村，总会看到牛的踪影。它们"牛气十足"，别说红绿灯对它们毫无约束力，就是手持警棍的警察有时也奈何它们不得，在拥挤的十字路口，牛可以大模大样地闲庭信步，或是干脆卧躺不动，闭目养神。

印度神牛

在印度教教徒眼中，牛即是神，他们爱牛、敬牛、拜牛。在任何情况下，都不能杀牛，而且印度教教徒绝对不食牛肉，不穿牛皮鞋，不用牛皮箱。

当然，牛对印度人生活的重要性远不只是用来崇拜。首先，牛奶不仅是印度人重要的食物来源，而且据说，牛奶也有神奇的功效，它和圣水一样，能除去并净化一切污秽，而且牛奶也能治疗各种疾病；其次，牛粪是一种燃料，用它焚尸可以使灵魂达到超度；再次，由于牛本身就很神圣，牛尿也被印度教教徒看做是一种神圣的液体，据说，用它能洗干净人身体上和心灵上的一切污秽。

在印度教的神庙里，经常有神牛的尊位，甚至还有专门的南迪庙，前去顶礼膜拜的人络绎不绝。许多信徒把花环挂在牛的脖子上表示尊敬，还有的人把用牛粪烧成的灰涂在额头上，旨在辟邪求福。

在印度的工艺品商店，神牛的雕像更多，紫檀木的、黄杨木的、玉石的、陶瓷的，姿态各异，不胜枚举。牛的画像也是无处不在。

总而言之，印度人，尤其是印度教教徒对牛的崇拜和保护，既有宗教和文化上的原因，也有生活上的原因。

二、神象崇拜

大象也是印度较为常见的动物，很多印度人家里都养大象。大象性情温和，很好使唤。因此，很多人让它来做一些农活或家务活，如可以让大象用鼻子来搬运东西，也可以让大象来驮一些东西，甚至是人。

据神话传说，保护之神毗湿奴化身为大海龟，站在作为水的象征的眼镜蛇身上，大海龟的背上站着三只大象，大象身上驮着半圆形的大地，所以，如果大象动一动，便会引起地震。因为这个，印度人才有了"世界是支撑在三只大象的脊背上"的说法。所以，印度人崇拜大象。

印度教庙宇中总是雕刻有许许多多的象；在印度教神话传说中，提到大象的地方也很多。如：吉祥天女拉克西米就由两头大象陪伴着，还有人们熟悉和喜爱的象头神迦内沙等。

人们对象头神迦内沙的崇拜值得一提，在印度人眼中，迦内沙是财神、智慧神，也是欢乐神。据说，象头神有扫除各种障碍的能力，因此，虔诚的信徒们就在各种交通工具上画上象头神的像，祈求出门万事顺心、一路平安。

还有"象头神节"，它也是印度教较为重要的节日。每到这一天，家家户户门前都要悬挂象头神像，虔诚的信徒们会拿着象头神的雕塑来到海边，慢慢地将巨大的雕塑沉入海中。据说，雕塑要在海中浸泡十天，以求能有好运到来。

在古代，打仗的时候也有象队，战象是古印度人重要的战争工具，大象既是战争中的主力军，也用来运输战争所需的物资和设备。

在现代印度，也有专门的象队。在盛大的节日里，如国庆或一些大型的喜庆活动，人们会给大象进行装饰打扮，让其参加活动，沿街游行，增添节日的欢乐气氛。

印度教教徒认为大象值得去崇拜，因为它象征着高贵、吉祥、权力和显赫，能给人带来无限的福气。

三、神猴崇拜

猴子是印度街头一道若隐若现的风景。在印度，不管是在路旁、神庙里，还是在树上、建筑物上，经常可以看到可爱的猴子或蹲或立，或跳来跳去，根本不把过往的行人车辆放在眼里。其中一个重要的原因就是：它们在印度教教徒的心目中是神。它们数量不多，出现频率也比牛和狗低多了，但往往是一小群一小群的，在人毫无准备的时候，一扭头，就和它们打了个照面。

对猴的崇拜可以从史诗《罗摩衍那》中说起。《罗摩衍那》中有一个人人喜爱的英勇神猴哈奴曼。当罗摩的妻子悉多被十首魔王罗婆那劫走后，哈奴曼帮助罗摩战胜了魔王，帮助罗摩夺回爱妻悉多，恢复了王位。它帮助罗摩，忠于誓言，虽遇种种艰难险阻，始终不改初衷，因此，哈奴曼被认为是忠实的象征。同时它勇敢善战，神通广大，会变化，能隐形，还能纵身跃过大海，只手托起高山。

印度教教徒十分崇敬神猴哈奴曼，在印度教三大节日之一的十胜节中，人们在赞美罗摩的同时，也歌颂哈奴曼。19世纪末期，在印度各地，凡是有毗湿奴像的地方就有神猴哈奴曼的像。在北印度，每周星期二是哈奴曼崇拜日。在整个印度，有印度教庙宇的地方，十有八九就有哈奴曼像，在一些地方，还专门建有"哈奴曼"神庙。

所以，现在的猴子也就沾了它们老祖宗哈奴曼的光，备受人们的喜爱和崇敬。好多印度教寺庙收养着不少猴子，由教徒给它们供食。

四、神蛇崇拜

蛇是让人害怕的东西，同样的，在印度，人们崇拜蛇也是因为它的可怕与狠毒，敬拜它是为了不让它发怒。当然，这种信仰也是与宗教有很大关系的。

紧紧缠绕在保护之神毗湿奴身上的蛇被人们称为阿难挞（Ananta），意思是"无止尽"。它伸出的九个硕大的脑袋组成毗湿奴睡觉时的华盖。毗湿奴的化身黑天（Krishna）在亚穆纳河（Jamuna）的滔滔水面上也受到阿难挞的保护。传说，当黑天从滔滔大海搅出乳奶时，靠的是阿难挞的帮助。另外，毁灭之神湿婆的脖子上盘着几条吐着舌芯的眼镜蛇。所以，蛇既然是大神毗湿奴和湿婆的卫士，当然也就成了印度教教徒心目中的神。

自远古以来，阿难挞就代表对蛇的崇拜。在一些印度书籍里，也记载了很多有关蛇的故事。有些神龛里也养着蛇，和神一样受崇拜。在印度，和牛一样，蛇是绝对不能杀的，杀蛇会冒犯和激怒天神。

最能反映印度教教徒敬蛇之风的是"拜蛇节"。这是一个全国性的节日，各地的日子不大统一，大多是在7月至9月间举行。每逢拜蛇节，人们一般要在家里画上蛇的形象，或是挂上一幅蛇画，在蛇像前供上米饭、牛奶及其他食物。

在农村，拜蛇节比较热闹，有的人亲吻毒蛇，有的人脖子上缠着毒蛇、大蟒走街串巷以示勇敢。有的村子里，会在房外的整堵墙上画上巨大的蛇像，或是塑起高大的蛇神雕像，让人们前来敬献供品，顶礼膜拜。

除拜蛇节外，印度教教徒也修建了许多蛇神庙来敬拜蛇。在蛇庙周围，一般都是茂密的森林，林子里有许多蛇神像。虔诚的信徒们会成群结队地去那里祈祷、敬拜，希望得到蛇神的保佑。

在印度，有闻名世界的耍蛇人，其中不少出自驯蛇世家，祖祖辈辈以耍蛇为业。拜蛇节期间是他们最开心的日子,他们会带着驯好的眼镜蛇到各家各户表演和接受膜拜,同时也能收到不少膜拜者敬献的食品和钱。

蛇有很大的象征意义。在南印度,想要孩子的女人就立起一块眼镜蛇石。对蛇神玛那萨(Manasa)的崇拜也许起源于孟加拉,至今广为崇拜。玛那萨是丰产女神,会治毒蛇咬伤,由于这个原因,湿婆也被人们认为会治疗毒蛇咬伤,因此人们称他为"排毒之神"。同样,好多动物被作为其神主的象征来崇拜,它们不仅是精神象征,还是激发艺术家创作灵感的巨大源泉,也是印度艺术和美学永恒的主题。

五、神鸟崇拜

印度一向有"动物的乐园"、"鸟的天国"之称。

在印度,即使在嘈杂的城市里,也能发现各种各样美丽的鸟儿安然自得地在树上栖息、鸣叫,这是一种人与自然和谐相处的画面。最常见的是鸽子,很受人们欢迎。印度人对鸽子的爱护中带有某种宗教色彩。还有鹰,与鸽子不同的是,它们远离人群。另外还有绿色长尾的鹦鹉随意地飞来飞去。在泰姬陵后门外的湿地中,也栖息着多种水鸟。印度人不仅爱鸟,而且把有些鸟敬拜为神。

印度教对鸟的崇拜也可以追溯到久远的古代。在《罗摩衍那》中,当罗摩的妻子悉多被十首魔王罗婆那劫走时,在半路遇到了金翅鸟王阇陀优私,它路见不平,怒斥罗婆那,顽强拦截罗婆那,以图救出悉多。只可惜罗婆那太过凶恶,金翅鸟王斗不过他,结果被打成重伤。几千年来,金翅鸟王一直为印度教教徒所歌颂、崇拜。

孔雀是印度的国鸟,也是印度人心目中的神鸟。它和神牛一样,是不能被伤害和捕杀的。在印度,孔雀随处可见,在野外的高山、森林或湖畔,都有它们的足迹;在有人居住的地方,如学校和公园,孔雀也悠然自得,与人和谐相处。印度人喜欢孔雀,崇拜孔雀,人们喜欢它们美丽的羽毛和优雅的举止,欣赏它们的稳重与机警。在作者留学的印度尼赫鲁大学,有好几处林间草地,每天早晨太阳升起前后,都有志愿者来喂孔雀。他们一般是年纪比较大的人,男的手里拿着鸟食,女的头上顶着水罐。到达草地后,女的一边撒食,一边口里发出悠长动听的"噜——噜——噜——噜——"的呼唤声,随之便有无数的孔雀闻声从树丛里钻出,欢快地抢食,喜鹊、麻雀、鹦鹉等多种鸟也赶来凑热闹。麻雀和鹦鹉在孔雀身上飞上跳下,美丽的校园成为孔雀和其他鸟类大会餐和大合唱的天然场地。每年9月是孔雀脱毛的季节,走近丛林深处,在树枝上、石头上,到处可以发现美丽的孔雀毛。每到深夜,寂静的校园里发出孔雀的鸣叫声,此起彼伏,遥相呼应。

在印度教神话传说中,也能找到孔雀的影子。如:湿婆和帕尔瓦蒂的儿子战神迦烯吉夜的坐骑就是孔雀。他全副武装,骑着孔雀,英勇作战,深受印度教教徒的崇拜和喜爱。在印度,孔雀的图案还出现在一些器皿上、建筑物上和庙宇里,可见印度人对孔雀的崇拜和喜爱由来已久。

的确,孔雀是美丽的,它五彩缤纷的羽毛正如印度的文化和宗教一样,色彩斑斓,令人眼花缭乱;它优美的姿态则向世人展示了印度这个古老的文明古国深厚的文化底蕴。孔雀的美就像印度的神秘一样,令人流连忘返,着迷不已,却又不能完全触摸透彻。

印度教认为,乌鸦也是神鸟,出门遇到乌鸦,那是吉兆。乌鸦在印度并不遭人驱赶,更不会有人敢掠杀,所以印度的乌鸦特别多。

另外,印度教教徒之所以喜欢鸟、崇拜鸟,也与他们所崇拜的大神有关,因为很多大神的坐骑就是鸟类,如:梵天大神的配偶、辩才天女萨拉斯瓦蒂的坐骑是天鹅;保护之神毗湿奴的坐骑是金翅鸟王迦楼陀;卡玛女神的坐骑是鹦鹉;等等。人们爱鸟有点爱屋及乌!

除以上提到的外,还有一些动物如狮子、佛教的八音鸟、凤凰等都是受印度人崇拜的。总而言之,从这些形形色色的崇拜,从人与动物的和谐画面,从神与动物的联系,从人与神的关系,可以看出,在印度这个神秘的国度,神、人和动物三者之间是可以相互转化的,他们之间的界限并不是不可逾越的,这或许就是真正意义上的崇拜与信仰。

4.2　神圣的植物崇拜

印度教充满着各种各样的标记和神秘征兆,这些标记和征兆从特征上看是神秘的,而在本质上,则是具有象征意义的。它们是恒久的教会精神崇拜的体现,是社会文化的一部分。

在这些标记或征兆中,各种各样神秘的具有象征意义的植物显得尤为突出。

神圣的植物崇拜:永恒树下

首先是圣树。在古老的过去,对树的崇拜非常盛行。拥有不同的文化熏陶、种族血统的人对圣树怀有同一份崇敬,这种崇敬冲破了地域、政治的限制。人类以圣树为中心,开发出了它内在的潜力,如艺术、哲学和宗教,所有这些又以象征的表现形式,以它自身的主题和生活形式将圣树自身展现在全世界面前。

对圣树固守仪式的崇拜在全世界都很普遍,正如我们在金字塔的石刻上发现的有生命的树一样,最著名的圣树是古埃及的柽柳(Tamarisk)。在日本,大约 900 年前,一位尼姑种了一棵叫 Shimonishimura 的树,据说,任何人只要使用了用这棵树上的木头所做的筷子吃饭,就永远不会得牙痛病。

森博士(Dr. S. Sen)是一位著名的圣树研究者,他注意到,"非洲人相信众神是居住在某种树上的,这些树是无法用斧头砍的。在德国的巴伐利亚,有一种神奇的树,如果新婚夫妇在午夜时分愿意去坐在它的枝叶之下,它就可以给他们带来好运"。

有人说,如果树精对自己的崇拜者不高兴了,它就会给他们降下厄运。在很多地方,砍掉圣树被看做是件危险和不吉利的事情,因为人们认为树神或树精可能会非常生气,而且会报复。由于这个原因,在古印度,树在被砍掉之前都是要被敬拜的。印度古代天文学家羲日的著作《广博观星大集》(*Brihatsamhita*)里说,如果要砍伐某一种特别的树,用其木材来做神像时,四个种姓的人们不仅要对其进行朝拜,而且要在晚上诵读下列经文来向这些树祈求。经文如下:

> 哦! 树啊! 我们要为神造一塑像。我向你致意。请接受我们根据指令所做的崇拜,也许在接受指令之后,住在这儿的生灵已经在别处选择安排好了他们的住所。请他们原谅我们吧!

同样的,树是被当做神的象征来崇拜的,而人们内心深处的愿望得以实现的唯一途径就是真心诚意。这就是最卑微的、最原始的围绕树木的自然崇拜。

对于这点,著名的古代印度法律制定者摩奴是这样陈述的:"所有的树木和植物,它们的内心是有意识的,也被赋予了喜怒哀乐等各种情感。"除此之外,《奥义书》里也宣告说:"存在于这个宇宙、水中及火中的神也同样存在于大量的树木和草本植物中。"

印度思想家、哲学家、宗教改革家辨喜很准确地解释了一个事实:每一种宗教都包括三个最基本的部分——哲学、神话和仪式。哲学是宗教的精髓,神话借助于传奇故事及神话故事阐明了这些精髓。最后,他说仪式给了哲学一个具体的形状,使得普通人能够掌握。辨喜在记录中说道:"仪式其实使哲学具体化……对人类来说,要思考他们理解的东西很容易;但是当提及实践经验时,他们发现抽象的观点往往很难去理解。因此,符号起了很大作用。"这样,自古以来,符号就被全世界信奉宗教的人所使用了。

圣树、神圣的植物以及它们的叶子在印度教教徒的宗教礼仪生活中占据着重要的地位,它们同样也具有药用价值。在热带印度次大陆,有着大量有价值的植物和树木。我们仅仅挑出其中几个具有重要象征意义的树木来介绍,没有它们,印度教的献祭或朝拜便不可能进行。

一、菩提树

菩提树

出处:http://www.cqss.gov.cn/Topic/fjyl/ArtExa.asp?ArtID=20260&MenuModule=134110102

在印度,无论是印度教、佛教还是耆那教都将菩提树视为"神圣之树",政府更是对菩提树实施"国宝级"的保护,把它看做是印度的圣树。

《大唐西域记——西天取经的历险故事》里有一则有关菩提树的神话故事,可以用它来说明菩提树的神奇与神圣。据说阿育王刚继位的时候,信奉邪道,破坏佛的遗迹,带兵亲自砍伐菩提树。他将树砍得粉碎,并命婆罗门烧掉它,来祭祀天神。但在焚烧的过程中,却长出了两棵树。阿育王看到这个神奇的现象,痛悔前非,用香乳浇灌残根,到了天亮的时候,树又长成了原来的样子。但阿育王的王妃也一向信奉邪道,她暗中派人在夜里重新砍伐这棵树。第二天清晨,阿育王来礼拜的时候只看到残枝败叶,心里很难过,虔诚地祈祷,以香乳浇灌,不到一天工夫树又长了出来。阿育王也因此对菩提树产生了更大的敬意。①

在印度神话中，也有专门守护菩提树的天女，叫"菩提树天"。传说，佛陀修行的时候，她就守候在佛陀身边，菩提树天是最早的护法神。

菩提树经冬不凋，巨大的树冠形成天然穹顶。"菩提"在梵语中为"大彻大悟"之意。菩提树又叫毕钵罗树。按佛经记载，两千五百多年前，佛祖释迦牟尼曾在位于菩提迦耶的一棵毕钵罗树下潜心打坐，终于在七七四十九日之后顿悟成佛，获得了世界的真谛和人生的感悟，从俗世的王子变成了大彻大悟的佛陀。从此，毕钵罗树也改名叫菩提树。

人们普遍认为，毗湿奴神和其他神居住在菩提树底下。虔诚的印度教教徒敬拜菩提树，因为他们觉得这树是各种各样的大神和女神的象征性代表，如：保护之神毗湿奴、佛祖佛陀、毗湿奴的化身黑天神、创造之神梵天、吉祥天女拉克西米、太阳神苏利耶、维系天地之神阿迪缇亚、森林之神瓦纳、斩妖除魔的女神杜尔迦等等。这种树似乎已经和印度河谷文明的母神联系在一起了。在《梨俱吠陀》中可以找到关于这种圣树的记载。根据《吠陀经》的记载，它的木头用来做消防船，也用做钻来产生圣火。祈祷者在祈祷时，在菩提树上洒水，就可以驱除某些疾病，像眼皮跳、胳膊抽搐、做噩梦等。

在不同的语言环境和地理环境中，菩提树被给予了七种不同的名字。梵语称之为菩提树（Bodhi）；印地语、马拉地语和旁遮普语称之为毕钵罗树（Peepal）；孟加拉语称之为阿斯瓦塔树（Asvattha）；古吉拉特语称之为比婆罗树（Piplo）；奥里雅文化中称之为姆迤其科塔树（Mui Chitka）；在德干以南地区，说泰卢固语的虔诚敬拜者称它为枇杷里树（Pippali）；马拉雅拉姆语里称之为阿里亚尔树（Aryal）。

对菩提树的敬拜习惯可以追溯到哈拉帕文化时期，同时，菩提树在婆罗门教中也处于重要地位。根据印度教经典的记载，当达伊提耶（Daityas）或者也称巨人族把众神们赶出天庭时，天神们就在菩提树下躲避。根据《莲花往世书》（*Padma Purana*），厄运之神奥拉克什米（Au-Lakshmi）居住

①玄奘.大唐西域记——西天取经的历险故事.宋强,译.上海:上海社会科学院出版社,2003:112.

在菩提树底下，由于这个原因，在每个星期六，他也被虔诚的印度教教徒敬拜。

菩提树是印度最美丽的树之一，能够长得很大。在印度这种树随处可见，它宽大的叶子摸起来十分柔软，色泽鲜亮，叶子又轻又薄，以至于轻轻的呼吸声都能将它吹动。而且因为它们能给人最清凉新鲜的感觉，这种树也被看做有促进健康的特性。

菩提树是印度宗教信仰中最圣洁的象征，很多宗教祭祀活动都是在菩提树下举行的。在印度，每个佛教寺庙都要求至少种植一棵菩提树。一些百姓也会选择菩提树叶作为送给子女的礼物，以表达对他们勤学好进并能"先知先觉"的期望。另外，人们也发现，在印度人所使用的一些小罐或家用容器上，会绘有心形菩提树叶的图案，经常三片一组排列。妇女们各种较常见的仪式也都与菩提树有关。在孟加拉，在冬至节（孟加拉日历上最后一天），必须进行菩提树祭拜，以求家庭更加幸福和繁荣。

在印度北面，在新月节，敬拜时将水和未经煮沸的牛奶倒在树根处，然后绕着树转108圈。在拉杰普塔纳（Rajputana），已婚妇女敬拜菩提树以避免守寡。在对祖先进行敬拜时，菩提树也有一定的象征意义。在10月到11月期间，人们会将土制的大水罐举到树枝上装满水、牛奶、芝麻和蜂蜜，据说祖先会从树上下来接受祭品。

严格来讲，印度妇女敬拜菩提树主要是希望能得到子嗣。根据《阿闼婆吠陀》里所讲，菩提树被看做是人类的施恩者，它给不能生育的妇女赐予了孩子。因此，这种树被看做有强大的生育能力。人们因为菩提树各种各样的药用价值和实用价值而敬拜它。

从古到今，印度人始终把菩提树看做是很重要的圣树，"一是在古印度人看来，树木能够给人类提供避难和吸取营养的场所，为动物提供自然生长的地方，而动物又给人们带来丰富的食物。因此，此树乃人类生命之源泉。二是菩提树生命旺盛，常把根盘到旧建筑、大石块下，或盘在另一种树的树干上。在生长中，菩提树的根渐渐将大石块或宿主树吞噬，以此让最初的幼苗扎根成长。古印度人观察到这一现象，就特别敬畏菩提树旺盛的生命力量。这样菩提树便成为神话中的常客，成为丰收、保护和死亡的象征物"。[1]

而且,"以菩提树为中心,依托宽展的枝叶,心形叶子形成的树篷,遮蔽背阴的人们,似乎形成一方宗教圣地"。[2]这使得菩提树在人们心目中更为神圣。

印度非常讲究菩提树的"血脉",并以当年佛祖顿悟时的圣菩提树直系后代为尊。有种说法称,公元前3世纪,阿育王的妹妹砍下了圣菩提树的一棵树枝,将其带到了斯里兰卡的康提并种植成活。后来位于菩提迦耶的圣菩提树在阿拉伯人入侵印度时被毁,康提的菩提树便成了维系佛祖渊源的"唯一血脉"。时至今日,在印度佛教圣地所植的菩提树,包括佛祖打坐原址菩提迦耶的圣菩提树,全部由斯里兰卡康提的菩提树嫁接而来。

《薄伽梵歌》中记载,斯里兰卡的那棵菩提树被看做是印度教三位一体神——梵天、毗湿奴和湿婆的居住地。关于斯里兰卡康提菩提树的最早历史记录资料,可以在法显(Fahian)的旅行纪中找到。法显是一位中国旅行者,他在公元414年参观了这棵圣树,并且写道这棵树是公元前288年由国王德文帕诧栽种的。人们普遍认为,这棵树是菩提迦耶那棵菩提树的分支,是由其枝叶嫁接而来的,佛陀正是在菩提迦耶那棵菩提树下涅槃的。

考虑到圣菩提树在印度教教徒中的神圣地位,印度政府对其进行了最严密的安全保护措施,包括设置围栏隔离、任何人不得采摘树叶,砍折树枝再到别处种植更是被严格禁止。菩提迦耶所在的比哈尔邦官员表示,圣菩提树上一次被砍修至少在30年前,当时是在宗教界人士以及植物专家的监督下进行修剪的,主要目的是通过修剪阻止其不正常的生长。

尽管享受着高标准的安全保护待遇,这棵举世关注的圣菩提树照样面临着生存威胁。此外,圣菩提树也饱受"香火过多"的困扰,成千上万的善男信女每天在菩提树下摆满了香烛和油灯,以表达敬仰及缅怀之情。

二、金刚子(Rudraksha):湿婆的眼泪

在印度教的众神中,楼陀罗是最有势力的一个,他是湿婆的化身,专司

①西代锡,陈晓红.失落的文明:古印度.上海:华东师范大学出版社,2003:77.
②同上,第77—78页。

印度神秘符号

毁灭。他的光环、气质均在印度神话中传播着一种高深莫测的魔力。在《梨俱吠陀》中可以找到人们对楼陀罗的首次描述记载。在后来的《往世书》中，对楼陀罗完全成熟的性格描述达到了极致。

金刚子:湿婆的眼泪

"Rudra"一词源自于梵语 rud 或 rodden,意思是哭或正在哭泣,因此,"Rudra"也指哭泣之人。根据《薄伽梵塞建陀神》(*Devi Bhagavata Skandha*)里所讲,楼陀罗的出生是由于梵天的复仇所致。关于楼陀罗出生的故事可以追溯到《往世书》,书里面讲到,在因陀罗等主管宇宙之神(Prajapatis)被创造之前,梵天创造了四大圣贤:萨拿丹那(Sanandana)、萨那卡(Sanaka)、萨拿坦(Sanatana)和萨拿特·库玛(Sanatkumara)。不幸的是,这四个人对生育子孙后代并不感兴趣。这使得梵天很愤怒,于是他准备摧毁三个世界——天界、空界和地界(Swarga,Marta,Patal)。这三个世界在梵天的愤怒之火所产生的光辉中闪烁着。从他闪耀着的眉毛、充满怒气的表情中,一个光辉形象产生了,这就是楼陀罗,他有三只眼睛,蓝色皮肤,并且一直在哭泣。梵天问他:"你为什么哭啊?"他答道:"我必须被赐予姓名。"最后,他有了七个别名:巴瓦(Bhava)、萨罗瓦(Sarava)、伊萨纳 (Isana)、帕输帕提(Pashupati)、毕摩(Bhima)、乌加尔(Ugar)、马哈代瓦(Mahadeva)。因此,楼陀罗就有了八个名字。

"Rudraksha"的意思是楼陀罗的眼泪和眼睛。在 20 世纪,约翰·加雷特(John Garrett) 发现了"世界的意义就是 Rudra(Shiva)的眼睛(Akshu),也是他的眼泪 (Rud)"。还有一种思想认为湿婆在与魔鬼的战争中烧毁了三座城,为逝去的生命哭泣。他的眼泪落到地上,然后又升起来成为了灌木,结出了浆果,也就是菩提树树液(Rudraksha tree)。

金刚子菩提树一直是印度教教徒生活中一个重要的象征符号。

据说,任何人,只要是佩戴了金刚子念珠(Rudraksha mala),死后就永远不能去 yonilok, 即永远不能转世轮回。根据《湿婆往世书》(*Rudrakshajaboloupanishad*),"一个佩戴了金刚子念珠的人应该戒除含酒精的饮料、肉类、大蒜、洋葱、红萝卜",谁遵循了这些,谁就能通过金刚子得到解脱。

在《战神塞建陀往世书》(*Devi Bhagavata Skandha*) 中,有一个小故事解释了金刚子菩提树是怎样逐渐被印度教教徒崇拜的。从前,有一个名叫特里普拉(Tripura)的阿修罗首领,他很强大,也很英勇。他打败了提众神(Devas)和众神首领,成为天神与魔鬼的统治者。众神十分伤心,他们去了湿婆那里,于是湿婆思考着如何杀死特里普拉。他睁着眼睛,坐了 1000 年(天上的时间),而在人间则已经过了 360 万年。过了这么长时间之后,湿婆眨了眨眼睛,眼泪滑落了下来,这些眼泪滋养了金刚子菩提树的成长。十二种类型的金刚子菩提树从太阳上产生了,十六种金刚子菩提树从月亮上出现,而最后的十种金刚子菩提树则来自于火。那些来自于太阳的金刚子菩提树是血红色的,来自于月亮的金刚子菩提树是白色的,来自于火的金刚子菩提树是黑色的。

除此之外,《湿婆往世书》里记述到:金刚子菩提树也可以根据四大种姓的分法来分类,换句话说,就是也可以分成四类,分别是:婆罗门、刹帝利、吠舍和首陀罗。一位名叫夏尔马(Dr. T. R. Sharma)的专家指出:"这四种树会结出四种颜色的念珠,分别是白色、红色、黄褐色和黑色。这样的话,婆罗门们应该使用白色念珠,刹帝利们应该使用红色念珠,吠舍们应该使用黄褐色念珠,而首陀罗们使用黑色的。"

金刚子菩提树是一种大型常绿阔叶树木,主要生长在海拔 2000 多米以上的高原地带,主要被发现在热带和亚热带地区。树常年生,树高近 50 英尺到 200 英尺。金刚子菩提树生长在恒河区平原的南部边境地区喜马拉雅山中部的尼泊尔。过去其生长范围为,马尼拉、缅甸以及低丘陵平原,一直到孟加拉、不丹、尼泊尔。现在,由于尼泊尔东部地区气候适宜,基本上金刚子菩提树主要生长在这个地方。金刚子菩提树的叶子是绿色的,主干是圆柱形,树皮是白色的。金刚子是纯净无污染的,也是优雅的,常常被用做念珠或佛珠。

金刚子有四种颜色,红色和黑色是最常见的,而白色则很少见,也有黄色的金刚子。每一个金刚子都与其他的不同,因为它们每一个都有着各自独特的纹路或瓣。各种各样的珠子或项链都是由有着不同瓣的金刚子制作的,不同瓣给了它们名字。由二十一瓣的金刚子所做的念珠被命名为因陀罗念珠。据说这种念珠是最稀有的品种之一,只有五个人拥有。另外,有传闻说,在这个世界上,没有什么东西是一个佩戴因陀罗念珠的人得不到的,因为天帝神因陀罗念珠能给他所有他想要的财富,同时也能满足他所有的愿望。

《薄伽梵歌》和《湿婆往世书》说明了金刚子的独特含义和每一瓣的意义。例如:它提到了一个人怎样通过佩戴多少瓣的金刚子来赦免自己的某一项罪行。它也解释了金刚子在治疗身体中的实际功效。

一瓣的金刚子代表了湿婆自己,而且是最稀有的金刚子之一。这个金刚子代表了大神湿婆的三个象征符号:三叉戟、林迦和蛇。佩戴这种只有一个瓣的金刚子的人,他的罪会得到减免,而此两项罪都是最严重的罪恶。根据《性力经》(Tantra Shastras),只有城里有宗教地位的人才能拥有这种金刚子。拥有一个瓣的金刚子的人不会缺少任何东西,而且能够变成世界上最富裕的人。它增强了人们积极的思想,给人们展示了人类性格的特点。

两瓣的金刚子代表了神和女神在一起的形象。湿婆派教徒普遍认为,

而且人们相信,佩戴了这种金刚子的人,无论他是有意识还是无意识犯罪,所有罪行都会被赦免。它控制着人的性欲,发展了稳定的注意力、精神上的平和以及促进了哲学头脑的增长。它的催眠效果是被广泛认同的。

三瓣的金刚子代表了阿耆尼,而阿耆尼代表着斋戒或洗罪。人们认为佩戴这种金刚子能够洗刷掉罪孽。它还能治愈发烧,给弱者力量,可以使佩戴者变得活跃,远离疾病。它的力量大到可以帮失业者找到工作。

四瓣的金刚子象征着梵天。它能洗刷掉强奸罪或杀人罪。人们认为这种金刚子对学生最有用处,它可以使人头脑灵活敏锐,提高汲取知识的能力和记忆力。它也有药用价值,如果把它放到牛奶里煮一下,给一个智障的人佩戴 20 天,就能够起到治疗作用。

五瓣的金刚子代表着死亡之火。根据《往世书》,佩戴了这种金刚子,一个人由于吃了不该吃的东西或喜欢了不该喜欢的女人而引起的罪可以得到宽恕。这种金刚子比较适合有心脏病的人佩戴,它可以减轻人对毒蛇的恐惧。这种金刚子也可以使心绪不宁的人的心和思想得到平静。人们也认为佩戴这种金刚子的人能够战胜敌人。

六瓣的金刚子代表的是战神迦烯吉夜。把这种金刚子戴在右手,一个人就可以免除所有的罪包括谋杀婆罗门罪。《性力经》中讲到它有助于任何工作的成功。任何人只要戴了这种金刚子就不会因物质需要而受折磨。它也可以治疗一些疾病,如:歇斯底里症、昏厥、高血压和一些女性所患疾病。

七瓣的金刚子代表爱神,它可以使佩戴它的人免除诸如偷窃黄金这样的罪。它能化解一个孩子不好的星座所带来的厄运。任何人,只要是佩戴了这种金刚子,都不会过早地或仓促地死去,而且也可以摆脱死亡的阴影。

八瓣的金刚子象征着和平顺从。它有免除欺诈罪的力量,如:将劣质米说成是质量绝好的、缺斤少两等行为。性力派认为它能帮助人集中注意力,使人精神平和,特别是对想唤起蛇灵的人来说有更大的帮助。八瓣的金刚子比较适合生意人去佩戴,尤其是那些想获取财富的人。它也能够用于治疗瘫痪、中风。

九瓣的金刚子象征湿婆的力量。戴在左手上,可以使佩戴它的人像神一样非凡,而且也能济世救人。它是相对比较稀有的品种,因为它是神的九

印度神秘符号

种能力的体现与象征。它特别适合那些对神灵很是热爱的人。它可以免除一个人的罪孽，如：由于堕一千次胎所造成的罪孽，或者将婆罗门杀一百次所造成的罪孽。它也可以治疗跟心脏有关的疾病。

十瓣的金刚子很少见，它象征着黑天神的形象，能保护佩戴它的人不受邪恶精神和罗刹的伤害。它也可以使佩戴者远离被蛇咬的危险。根据《性力经》的解释，十瓣的金刚子代表了阎摩神，它能够保护佩戴者不受过度性力伤害。它也有很大的药用价值，能够治疗百日咳的病人，只要病人喝下用这种金刚子搅拌了三次的牛奶即可。

十一瓣的金刚子代表了湿婆的十一种化身。如果戴在头上，它会赐予佩戴者进行马祀所得到的恩惠。妇女经常佩戴这种金刚子，因为它不仅能够提高生育孩子的能力，而且能够使她们的丈夫长寿。它还能够控制传染病的传播。

十二瓣的金刚子代表了十二个阿底提神的居住地。它被戴到耳朵上以使太阳神感到平静。它可以保护佩戴者不受任何伤害，如被动物的角或牙齿弄伤，以及其他的疾病和焦虑。佩戴者可以假装自己有着神一样的灵气，被所有人尊重。十二瓣的金刚子也代表了毗湿奴，那些追求梵行或单身生活的人经常戴这种金刚子。据说佩戴这种金刚子的人光辉四射，能够抵抗他自己感官的诱惑。

佩戴有十三瓣的金刚子的人等于就是战神迦烯吉夜，它也代表着爱神。只有非常幸运的人才能够佩戴这种金刚子，因为它有能力满足人的每一个愿望，使佩戴者获得尊重和安定。对那些渴望得到美丽的人来说，应该将它搅拌在牛奶里，然后将牛奶有规律地分次喝完。

佩戴有十四瓣的金刚子的人可以被改变成真正的大力湿婆神，它能够保护人们远离疾病。

十五瓣的金刚子代表了兽主湿婆，能够给那些想要增强自己身心精神信仰的人提供益处。它的超自然能力能够保护其主人免遭偷窃。

十六瓣的金刚子象征着成功，佩戴其能够促进生意的发展，经商的人经常将此物供奉在放钱的地方。

十七瓣的金刚子代表工艺神毗首羯磨（Vishwakarma）。据说佩戴了这种金刚子的人不仅能够得到意外之财,而且能够得到精神力量。

十八瓣的金刚子代表着地球。它对妇女和孩子来说有着特别的意义,它能够保护妇女免受早产的风险,能够保护孩子不受疾病的困扰。

十九瓣的金刚子体现的是那罗衍神。它能够满足人所有的物质愿望,因为它能提高人做生意的能力。

二十瓣的金刚子代表了梵天。它能使人增进知识,同时能使人精神平静,也能提高人的视觉能力。

二十一瓣的金刚子是所有金刚子中最稀有的一种,它是财富之神的象征。那些想要获得世俗的快乐、幸福和奢侈之人会佩戴它。它使佩戴者更加富裕,能够摆脱所有窘境。

《薄伽梵歌》里讲到,一个人仅仅是看一眼或摸一下金刚子就能得到益处。有很多事实可以证明金刚子的美妙,当世界意识到它的全部时,没有什么事情是不可能的。英国人保罗·忽米(Paul Hume)在其著名的研究论文中总结到:只要拥有金刚子,没有什么事情是不可能的。它可以使一个人富裕,可以改变一个人的命运,可以使人着迷,可以影响人们。在这个世界上的其他任何地方,它的医疗效果是被肯定的,人们都知道它具有治疗像癌症这样疾病的能力,而且能够缓解人们身体上和精神上的创伤。

因此,金刚子不仅仅只是一颗珠子,或是喜马拉雅地区大量的植物。它在这片古老的土地上存在了很多个世纪,不仅仅是一个精神上的象征,也具有药用价值,是人们物质追求和精神追求的源泉。现代很多人将金刚子串起来作为工艺品,也有和其他种类的念珠混合串联在一起的。

除上述之外,我们所常见的、普通的念珠也有其特殊象征意义。它们是功德、佛性、慈悲、善良、吉祥、圆满、佛心的表征,除了可以提醒自己不做坏事外,也是美好的装饰。为了除去烦恼,安定心念,或称颂西方阿弥陀佛,佛教教徒都会用念珠来诵念佛号。而且据说,念珠的数量不同,其象征意义也有所不同。

三、土尔西树(Tulsi)

土尔西树是印度教最神圣最有用的植物之一,据说大神毗湿奴居住在土尔西树林里。土尔西树随处可见，无论是在有沙的地方还是未开垦的荒地。1897 年，J. A. Dubois 这样写："婆罗门把土尔西树尊崇为毗湿奴的妻子，而且他们相信，在地球上没有什么东西能够与土尔西树的美德相提并论。"

土尔西树分为两种，一种叫罗摩土尔西（Rama Tulsi），淡绿色的叶子，通常情况下树形大一些；另一种叫黑天土尔西（Krishna Tulsi），深绿色的叶子，是朝拜毗湿奴和那罗衍即梵天的必备条件。

在整个印度被崇拜的土尔西树竟然被赋予了很多个名字。在梵语、孟加拉语、古吉拉特语和马拉地语中，它被叫做 Tulsi。除此之外，在梵语中，土尔西树也被叫做 Maiyarika；在孟加拉语中被叫做 Babultulsi；在马拉地语和奥里雅语中经常被叫做 Tulasa；而在旁遮普语中，它被叫做 Babri；在北特兰伽纳（Telangana），人们叫它 Bhutulsi；有时候在安得拉邦，人们也叫它为 Tirunapatchi；在马哈拉施特拉邦，土尔西树也被叫做 Sabza。

随着时间的发展，土尔西树展现了自己，作为象征符号的典范，包括了众神与众女神的名字、精神和轮回转世等名词。因此，印度教把土尔西树同各种各样的名字等同起来，诸如：毗湿奴、黑天大神、罗摩、那罗衍、毗湿奴的别名哈瑞（Hari）、黑天大神的化身扎格纳特（Jagannath）、拉克西米等。

土尔西树的起源可以追溯到《往世书》时期。据说毗湿奴有三个妻子：萨拉斯瓦蒂（说法不一，一说为梵天的妻子）、拉克西米和恒河女神（Ganga）。萨拉斯瓦蒂和拉克西米有一次吵架吵得很厉害，并且相互诅咒了对方。萨拉斯瓦蒂的诅咒把拉克西米变成了一棵土尔西树，不得不永远生活在土壤里。然而，毗湿奴介入了，他说道："拉克西米，你将以神圣的土尔西树的身份生活在世上，当咒语被解除后，你就可以回到我身边。在你回来的那一天，一条名叫甘达可的河流将始于你的身体，而你的身体将会以神圣的土尔西树的形状出现。在河岸上，我将依然以石头形象出现。"为了纪念这个神话，在印历卡提克月（Kartika，即印历 8 月，公历 10—11 月）的第十一天，土尔西树与克里希纳结婚了。除此之外，土尔西树是在卡尔提克月的月圆之夜出生的。

对毗湿奴教派的教徒来说，土尔西树是最神圣的植物，没有它的叶子，就不可能对毗湿奴进行任何敬拜仪式。人们称赞它,因为它能够摧毁现存的所有邪恶,毁坏它的叶子是有罪的行为。自古以来,土尔西树就成为毗湿奴教派不可或缺的一部分,巴克塔马拉(Bhakta Mala)曾这样讲:"那些将土尔西树环绕在脖子上的人,佩戴由莲花种子做的念珠,上臂印着贝壳和轮盘,前额中心有着竖立的条纹,他们是毗湿奴教派的教徒,他们洗涤了世界上所有的罪孽,使世界神圣化。"朝拜土尔西树的目的在不同地区有不同说法。总体来说,寡妇崇拜土尔西树是为了避免灾难;女孩们崇拜土尔西树是为了找到好丈夫;夫妻崇拜土尔西树是为了能有优秀的孩子;老人崇拜土尔西树是为了能在天堂找到栖身之所。

19世纪的学者威廉姆(M. Williams)曾这样记载:"土尔西树的根部包括了朝圣者经过的所有地方;土尔西树的中心包含了所有的神;而土尔西树的上部枝杈包含了所有的吠陀。"严格来说,自远古以来,土尔西树就已经成为印度人生活中不可或缺的一部分。对土尔西树的朝拜在白天进行,对克里希纳神的祭品就是一片土尔西树的叶子。当一个婆罗门濒临死亡的时候,人们会拿一些土尔西树叶放在一个柱子的底座上,在做完礼拜后,会把一些土尔西树叶给即将死去的人。人们会将叶子放置于他的脸上、眼睛上、耳朵上和胸部,然后人们用在水里浸泡过的土尔西树的细枝从他的头撒到脚。当这个仪式进行的时候,他的朋友和亲人们则高声颂唱"tulsi, tulsi",然后,他就能快乐地死去,而且很确信他会去天界。如果一个濒临死亡的人能够得到土尔西树泡的水,他就会去毗湿奴界(Vishnu Loka)。人们普遍认为土尔西树甚至会挡住死亡的统治者阎罗王的使者,他不能进入放有一束土尔西树枝的房子。当有人去世了,葬礼火堆应该由土尔西树木、帕拉萨木(Palasa)和檀香木堆成。

有人说,如果一个人能够很有规律地清洗土尔西树,那么他将得到救赎;如果一个人将土尔西树的枝丫定期地献给毗湿奴,那么在他死后,就会得到救赎;如果能将土尔西树的枝丫在印历9月献给毗湿奴,对神来说,这要比给他献上一千头牛更值得高兴。无论是谁,无论什么时候,只要献了土尔西树,他就变得和毗湿奴一样,能够分享毗湿奴的快乐和幸福。很多婆罗门在他们自家院子里种植了这种植物,每天都进行朝拜。他们细心照料这些植物,这些树一般都长在离婆罗门行净身礼不远的地方,或者长在婆罗门开会的地方。土尔西树通常被种在一堆沙子里面,或者是高高地种在有四个脚的方柱上,方柱顶端是空的,四面对着指南针的四个点。婆罗门把认真对待土尔西树和种植土尔西树当做是独特的而且是值得称赞的行为。触摸一下土尔西树比得上沐浴、沉思和获得解脱。

我们发现,在所有的克里希纳庙中,祭品就是土尔西树的叶子。还有,在毗湿奴教派教徒中,人们普遍认为,不管是谁,只要用土尔西树的汁液涂擦了身体,他就会得到最优秀的瑜伽的所有好处。

土尔西树崇拜的目的和方式可能会因为人们所处地区的不同而各不相同,但人们想要解脱的基本愿望是毗湿奴派的核心目标。

然而,土尔西树崇拜并不仅限于人类神智上的追求,因为土尔西树的医疗效果已经被以《阿闼婆吠陀》为基础的阿育吠陀医疗系统广泛接受了。

土尔西树的叶子有一股奇特的香味,可以治疗咳嗽。婆罗门们经常会在饭后吞吃一两片土尔西树的叶子来助消化。土尔西树的叶子被看做是一种潜在的预防药。印度教教徒在冷水里进行净身礼前或之后都要吃一些叶子,为的就是使腹部保持一定的温度,防止由于冷而引发的疾病。

很久以来,印度教教徒都保持着一个习惯,即将土尔西树的叶子放进已经做好的食物中,来防止食物变质;在日食或月食的时候,在存贮好的水里放它的叶子来防止细菌滋生。这样,人们普遍认为土尔西树就是一种很好的解毒剂。这种土尔西树理论上具有药用价值的习俗已经成为印度文化的一部分,风靡于世。另外,土尔西树这种植物具有很多医药特性,是蛇毒的解药。人们也公认,它是很好的驱蚊剂和杀虫剂。这样,每一个印度教家庭都会在自己的庭院里种植土尔西树。

著名的圣人温卡纳特(Omkarnath)曾经在一次演讲中说,在19世纪时,有一个英国人,他是加尔各答的首席电力工程师,他在自己的小屋周围种满了土尔西树,而且只种土尔西树,别人问他原因,他解释说世界上其他植物无法和土尔西树这种植物的绝缘强度相比,土尔西树可以净化方圆两百米地方的空气。它能够消灭疟疾、瘟疫。如果一个人将一块土尔西树的木头放在身体的任一部位,那么,传染病的病菌就永远不会进入他的体内,最后，这种做法还可以使人长寿。

土尔西树已经存在很多个世纪了，它传播着有益于健康的香气，是印度人生活中固有的一种宗教文化。

四、瓦塔树（Vata Vriksha）

神圣的瓦塔树是印度教中最受人们崇拜的树。人们认为瓦塔树或榕树象征长生不老，而且自从吠陀时代开始就受到了人们的爱戴。佛陀就是坐在一棵瓦塔树或菩提树下得到灵感的。普拉亚格（Prayag，"祭献城"的意思），即现在的阿拉哈巴德是三条圣河——恒河、亚穆纳河和萨拉斯瓦蒂河汇聚的地方，最古老的瓦塔树就是在这儿发现的。在古老的经典如《爱达雷耶梵书》（Aitareya Brahmana）、《罗摩衍那》和《罗摩后传》（Uttar Ramcharit）中都有提到这种瓦塔树。这种神圣的树象征着梵天、毗湿奴、湿婆、沙克蒂、克里希纳、拉克西米以及财神俱毗罗。

《梵天往世书》中能发现一些有关瓦塔树的传奇资料，该书记录道：十车王的谋臣兼祭司马坎得亚大仙曾经冒昧地去要求那罗衍给他展示一下瓦塔树的能力。神的回答是：一场突如其来的洪水淹没整个世界，只有瓦塔树或称为不灭的榕树从水里伸出了头，在它顶部最大的树枝上坐着一个小孩子，原来就在那个小孩子即将淹死的一刻，它伸出自己的枝丫救了被吓坏的未来的圣者。

关于瓦塔树来源的故事里讲到，正当湿婆和帕尔瓦蒂在世外桃源沉浸于爱情而快乐嬉戏时，梵天、毗湿奴和湿婆唆使火神阿耆尼去跟他们开了个玩笑。帕尔瓦蒂十分愤怒，诅咒了唆使者，立刻，梵天变成了帕拉萨树，毗湿奴变成了毕钵罗树，湿婆变成了瓦塔树。

很久以来，瓦塔树被印度次大陆的人们敬拜着，而且给它赋予了很多不同的名字。

在梵语和孟加拉语中，瓦塔树被叫做瓦塔或阿克希亚瓦塔树（Akshya Vata）；在印地语中，叫做波尔树（Bor）；在古吉拉特语中，叫做瓦德树（Vad）；在马拉提语中被尊称为瓦达树（Vada）；在泰卢固语中被叫做拍打马蹄树（Peddamatti）；在泰米尔纳杜邦被称为普达万树（Pudavam）；在喀拉拉邦,人们称瓦塔树为珍珠树(Pearl)。

在马哈拉施特拉邦和古吉拉特邦,在印历5月到6月的第十五天,妇女们就会敬拜瓦塔树。瓦塔树同样被人们当做梵天来敬拜,这样,孟加拉的人们在印历的5月到6月每个星期六都敬拜它。

在著名的神话故事《萨提梵与萨维德丽》(Satyavana-Savitri)中,萨提梵死后,萨维德丽和死亡之神阎罗王进行智斗,想使自己的丈夫复活。据说,她在印历5月到6月的第十五天一直保持着斋戒。萨维德丽从阎罗王那里夺回了自己丈夫萨提梵的性命。因此,妇女们为了自己丈夫的长寿就保存着这个习惯。另外,瓦塔树也以"许愿树"而为人所知。瓦塔树也可以调配成各种药品。

因此,瓦塔树在印度象征学里有着很强的象征意义和征兆,在符号领域里有着牢固的地位。

五、香蕉羚鹿树(Kadali)

香蕉羚鹿树象征着吉祥女神拉克西米、斩妖除魔的女神杜尔迦等。香蕉羚鹿树的叶子象征着冷静和沉着。从较高的哲学层面来看,香蕉羚鹿树代表着永恒的知识。有趣的是,香蕉羚鹿树的树干由多个层次组成。但如果想要剥掉这些层次,剥着剥着,到最后,便会发现树干上什么都不剩了。这就象征着我们对知识的要求和内心对真知的热烈追求是永无止境的,我们嘴里一直会念着"neti-neti"(不是这个,不是这个)。

香蕉羚鹿树在印度教尤其是在孟加拉特别受欢迎。它也有很多名字,在梵语和泰米尔语中被称为卡达利树(Kadali),在印地语和孟加拉语中分别被称为凯拉树(Kela)和考拉树(Kola)。

在9月到10月的月圆之日,人们在做拉克西米敬拜时也会敬拜香蕉羚鹿树。它也是杜尔迦女神崇拜必不可少的一部分。

在印度南部,用香蕉羚鹿树树叶盛食物的习俗仍然很盛行,这种习俗不仅给人们提供了美味可口的食物,而且,据说将热的食物盛到叶子上吃还具有医疗效果,因为食物与叶绿素起了化学反应。

香蕉羚鹿树全身是宝,没有哪一部分被认为是无用的。它的果实(无论

是未成熟的还是成熟的)、花、茎都是绿色健康食物。在马德拉斯,当有婴儿早产时,那孩子会被放到一片涂满油的香蕉羚鹿树的叶子上,叶子每天都在换,用这样的方法让孩子度过那段时间(按照正常分娩时间计算所缺少的时间)。这些叶子对治疗创伤和溃烂十分有效。

作为神秘的众神和蔬菜万神殿的象征,香蕉羚鹿树已经存活了很多个世纪,它不仅能产出大量食物,也具有很好的药用价值。

六、芒果树(Mango)

芒果树是印度教神圣的树木象征符号之一。在一个涂着朱砂或朱红色的罐子里放上五片芒果树的叶子,这种情形在印度教的任何宗教仪式上都很常见。在整个印度,芒果树被虔诚的教徒大量地种植和崇拜。随着时间的推移,芒果树也被赋予了很多名字。在梵语中芒果树被称为桉拉树(Amra);在印地语和孟加拉语中叫做阿姆树(Aam);在古吉拉特语中叫做安罗树(Amlo);泰米尔语称之为麻麻兰树(Mamaran);说泰卢固语的人们把它称为桉拉姆树(Amramu);喀拉拉语称之为木兰树(Mram)或者麻乌树(Mavu)。

古时候,芒果树被看成是很多神和精神的象征。一些学者的研究认为,拉克西米、半人半神的甘达婆和生育之神都住在里面。

抹上朱砂的芒果树的叶子叫做阿梅帕拉(amer pallav),而放入的罐子叫拉克西米罐子(Lakshmi Ghata),罐子象征着拉克西米自己。芒果树的枝丫也被用于献祭。在家里进行的每一个礼拜都必须用到芒果树的树枝、叶子和拉克西米罐子,这些都被看做是吉利的象征。除此之外,在结婚仪式上,人们也会用到芒果树叶子,因为这些叶子被看做是爱神或生育之神。在印度的一些地方,这些叶子被人们用彩色的线系住,挂到门前,表示这家人正在进行一些吉利的仪式或礼拜。

芒果树也有药用价值,它的果实,无论是成熟的还是未成熟的都可以治疗很多疾病。这样,无论是在仪式还是药用价值方面,芒果树对每一个虔诚的印度教教徒来说,都是一个家喻户晓的名字。

七、樟树 (Karpura)

樟树是另一种重要的神圣植物,它有 60 多个意思相近的名字,有着极大的精神和药用价值。它也是月亮的象征,它的光亮和冷静使得人们更尊崇它。在婚礼仪式上,樟树是必须出现的。特别的是,在祭祀上会用樟树点祭祀火。它有助于去除嘴里的异味。人们也把它看做是印度其他的神来敬拜。

八、蒟酱叶 (Betel Leaf)

蒟酱叶在印度教教徒的社会生活中起着十分重要的作用,没有哪一个吉利的场合会缺少它。从印度东部的一首婚礼曲中我们知道,蒟酱叶子的产地在喜马拉雅山。据说是湿婆和帕尔瓦蒂一起种下了蒟酱的种子。在 4 月到 5 月期间,这种神圣的蒟酱叶都会被孟加拉人们崇拜。

在婚礼庆典上,有一种仪式叫做向祖先发誓,这种仪式是在新郎表示接受新娘的时候举行的,这时新郎要以已逝祖先的灵魂为名义来保证自己所说的话。在这个时候,即对祖先进行敬拜的时候,需要有 32 片蒟酱叶。

在印度宗教里,蒟酱叶被看做是神圣的。它的每一部分都有着不同的象征意义,据说,它是财富女神拉克西米坐的东西。蒟酱最顶端的叶子代表长寿,底部的叶子代表名望,中间的部分则是女神拉克西米坐的地方。因此,对印度教教徒来说,咀嚼它中间的部分是个禁忌。另外,古代的印度教经典认为,咀嚼蒟酱叶子能增加热情,使口气清香,可以治疗嘴部疾病。

根据阿育吠陀的科学观,蒟酱叶对治疗由空气、胆汁和痰所引起的疾病非常有用。制药的人或医生用蒟酱叶的汁液治疗多种疾病。据说将它的汁液放到前额就可以治疗头疼;加热了的蒟酱汁液,涂到伤口感染的耳朵上,就可以防止化脓。蒟酱对治疗咳嗽、感冒等都有好处。因此,蒟酱已经成为印度人生活中的一部分,而且也成为精神崇拜的一个象征性符号。

九、龙爪树 (Lecythidaceae)

龙爪树,属桑科,原产于印度。在印度,它属佛教圣树,只种植在佛教寺院。传说，佛祖释迦牟尼诞生于此树下，所以，印度人称此树为圣树。

十、比尔花树(Bilva)

比尔花树或称木桔是湿婆神的象征，是印度教具有象征意义的圣树之一。在印度人们可以找到有关这种树的文献资料。在梵语中，这种树被称为毕尔瓦树(Bilva)；在孟加拉语和印地语中被称为贝尔树(Bel)；在古吉拉特语中被称为薛荔树（Bili）；在马拉雅拉姆语中称这种树为库亚瓦鲁树(Kuyvalu)；在泰米尔语中称它为纬路万树(Villuvan)；在泰卢固语中称它为麻利杜树(Maredu)。

以印度教泛神论的观点来说，这种树是许多神的象征，它可以象征湿婆、帕尔瓦蒂、苏利耶和财富女神拉克西米。据说，如果不献祭比尔花树的叶子，那么对湿婆的敬拜就不算完整，这些置于林迦之上的叶子能够使激烈的神性得到冷静和恢复。它的三叶象征着神的三种功能——创造、保护和毁灭，正如神的三只眼睛一样。

折断比尔花树的树枝是绝对禁止的事，因为神住在上面。在孟加拉，在杜尔迦节第八天的时候，女神杜尔迦被召唤到一小截树枝上。在祈祷时，人们虔诚地念到："我将握住你，像敬拜女神杜尔迦一样敬拜你。你有优秀的品德；你也是商羯罗。我欢迎你。"比尔花树的果实也叫做美与幸福女神果(Sriphala)，因为据说这种果实是由女神养的神牛产的牛奶制作的。

有个神话故事：有一天，当雪山女神帕尔瓦蒂正在休息的时候，有几滴汗水从她的前额滑下，落到了曼陀罗山脉上，后来就从山上长出了比尔花树，湿婆居住在它的树干上，帕尔瓦蒂住在树叶里，他们的儿子住在其果实里，也有人认为财富女神拉克西米也居住在比尔花树里。那些用比尔花树叶子来对湿婆和帕尔瓦蒂进行虔诚敬拜的人将会被赐予精神力量。这些树叶是喜、欲、暗三德的象征。它的五部分——树根、树皮、树叶、花和果实也有着很大的药用价值，它们可以用来治疗蛇咬伤。

神学的文献资料给比尔花树的起源赋予了一些灵光。有一部文献这样描述到："众神让不再发光的太阳重新照耀大地，他们就给太阳神苏利耶献祭了一头牛，因此，太阳恢复了往日的光辉。每一次当太阳出现的时候，一棵比尔花树就会诞生。"这样,在宗教典礼或仪式上,比尔花树的树枝被当做点火棒,形象地代表着光亮,因为它源自于太阳传说。

从医学角度来说,比尔花树的果实很有用。在古代阿育吠陀时代的医学理论体系中,可以找到一些有关比尔花树实用性的例证,它可以用于治疗习惯性便秘、痢疾和消化不良。在著名的"育陀补药"里面,比尔花树就是其十种主要组成成分之一。那些佩戴了比尔花护身符的人,他们的后代在出生的时候不会受到伤害,而且不幸的事也永远不会侵犯他们的家庭。

比尔花树的药用价值和宗教象征意义都是深入人心的。一方面,它能够增进健康,是很好的滋补品;另一方面,它也有很大的精神意义,渗入了印度人的生活。

十一、金色花(Champa)

金色花是印度教圣树上的花,呈金黄色,花形小巧。根据梵语 Champa,也可以音译为"瞻波伽"或"占波",它是印度佛教圣物。

许多中国人最初知道金色花是因为泰戈尔的《金色花》,它篇幅虽短小,但意蕴丰富,让人能深切体会到家庭之爱以及人类天性的美好与圣洁。在《金色花》中,我们能够感受到母子的情深,能够感受到孩子的快乐。泰戈尔把儿童想象成一朵金色花,最美丽的圣树上的花朵,赞美孩子可爱,而那金黄的色彩,正反映着母爱的光辉。泰戈尔的想象实在新奇而美妙。

因为本身是印度教圣树上开着的花,金色花深受人们的尊敬和崇拜,所以它代表着最高尚、最纯洁的爱。

十二、圣洁的莲花

莲花,属于莲科植物。在印度,从古至今,人们一直都很崇拜莲花。

在印度,莲花是很常见的。无论是在各种雕像上还是建筑物上,莲花都是最美丽的。它象征着创造力和完美,代表着纯洁,象征着富足,也代表着肥沃的大地。

"印度人崇拜的莲花有四种,分别称作优钵罗(Utpala)、拘物头(Kumuda)、波头摩(Padma)、芬陀利(Pandarika),包括荷、睡莲等多种不同

的品种,古代的印度人都将它们视为圣花。"[1]

莲花与印度教诸神的关系更是密不可分。创造之神梵天诞生时就坐在莲花上,他后来的形象也是经常坐于莲花之上;辩才天女萨拉斯瓦蒂也经常坐在白色莲花座上;大神毗湿奴的妻子拉克西米与莲花的关系更为密切,当毗湿奴化身为侏儒来到地球上时,拉克西米则漂浮在一朵莲花上从水中现身。

在印度,莲花受到信徒们虔诚的崇拜和赞美。在印度文化中,它还有"纯洁与神圣、永生与复活、灵性与创造力等诸多象征含义"。[2]在很多陶器雕刻品、神像和神圣的图画上都有莲花出现。信徒们认为,莲花代表着美丽、力量、智慧甚至神异。

在新德里东南部,有一座"莲花庙",它的形状就是一朵硕大无比的莲花,花瓣是由白色的水泥做成的,外面镶有白色的大理石。正如"一朵巨大的白莲花,盛放在天空之下,它似乎是在虔诚地邀请和召唤世俗世界的每一个子民。进入其中,静默祈祷,敬拜宇宙的造物主"。[3]在它四周有九个水池,里面盛着清澈见底的泉水,水池象征着莲花庙宛如漂浮在水面上的莲花。

莲花庙是一座很宏伟的建筑,是巴哈伊教做礼拜的地方,庄严肃穆。建筑呈莲花状,主要寓意是体现纯洁与和平,同时也与信徒们崇拜的莲花相互呼应,因此,每天都有来自全国各地的信徒们对其进行敬拜,向其祈祷。

除了上面所提到的这些神圣的树木和花外,印度教还有其他一些神奇又神秘的圣树,它们也是印度人心目中的圣树,它们的存在也影响着印度人的生活方式和行为习惯。如:印度榕、印度圣树雪松、印度的紫檀树等。

十三、杜尔迦草(Durga Grass)

杜尔迦草在印度教礼拜圣典中占据重要地位,祭司或牧师必须使用这种草做成一个指环,在整个宗教仪式过程中必须佩戴在手指上。

---

①街顺宝.绿色象征:文化的植物志.昆明:云南教育出版社,2000:56.

②王惕.中华美术民俗.北京:中国人民大学出版社,1996:428.

③钟朝辉.心灵的异境——从尼泊尔到印度.广州:广东旅游出版社,2006:197.

杜尔迦草在印度随处可见,特别是在大坝上和沼泽地。它能长到两英尺高,在最顶端有三片尖尖的叶子。每个虔诚的印度教教徒都在自己的庭院种这种草。

然而,关于杜尔迦草的起源,学者们意见不一。有一学派认为,正当众天神与魔鬼忙于用曼陀罗山做搅棒搅动乳海以获取能使他们长生不老的神酒时,这种神圣的杜尔迦草就诞生了;另一学派认为,当众天神正畅饮甘露时,几滴甘露落到了这种草上,使得这种草成为圣草。就这样,关于杜尔迦草的故事就流传了下来,杜尔迦草因此在印度教的各种圣典中起到了不可估量的作用。

十四、苏摩树(Soma Plant)

苏摩树是印度教神圣符号中很重要的一种。苏摩树是月亮的象征,它能给人提供神圣的、像牛奶般醉人的汁液。这种树本身就很神圣,有精神价值,经常被献祭给神。

要酿制苏摩酒这种液体,首先将植物用杵在一个研钵里面捣碎,加入水,用手挤捏,汁液从指间被挤压出来。然后,将汁液通过一个羊毛做的筛子进行过滤。最后就可以将它献祭给天神。自从吠陀时代以来,喝酒从来没有被看做是一种恶习,甚至在后来的历史记载中,我们也发现喝苏摩酒是很常见的事。迦梨陀娑的文学作品让我们知道甚至连女人也是喜欢饮酒的。

十五、神圣的鲜花

我们已经看到了大量被人们喜爱的、象征着众天神和精神的神圣的树。然而,在印度,没有哪一种对神的敬拜会不考虑献祭鲜花。很有趣的是,特别的花是和特别的神联系在一起的,而且花的颜色是最关键的。

当虔诚的信徒要敬拜湿婆时,月季(中国玫瑰)是最基本的;当虔诚的信徒要敬拜毗湿奴时,则要献祭白色的花;芒果花象征着爱神;在沙克蒂崇拜中,要敬拜迦利女神和恰门陀女神,像加芭这样的红花是必需的。在孟加拉的迦利礼拜中,神像被戴上了有念珠的花环,或者是有 108 朵花的花环。

莲花是用来敬拜太阳神、萨拉斯瓦蒂和杜尔迦的。行星土星要用蓝色的花来敬拜。

这样,每一个天神都会用某一种神圣的花或树来敬拜,这已经成为印度人各种圣典中的一部分。从主题形式上看,这些神圣的花和树是印度人精神的混合体,世俗地讲,它们是虔诚的印度人良好愿望的体现。

5 性符号及其象征意义

印度次大陆是古代四大文明之一的古印度文明的发祥地。自文明兴起初期始,性与宗教便在印度建立了不可分割的联系。在古印度文化中,性与宗教是紧密联系在一起的。印度对宗教与性的密切关系描述得相当透彻。从印度人神圣的性生活方式中,就能清晰地看出他们圣洁的性观念。性在印度一直备受推崇,因此,在印度人的眼里,性生活几乎无一不是从神开始的。印度《爱经》(*Kama Sutra*)有几十种外语译本。印度的林迦崇拜、沙克蒂(Shakti)崇拜,比埃及的"生命钥匙"、中国神话中对伏羲和女娲的崇拜都要古老。

"印度的宗教传统主要有印度教和佛教。从总体上说,佛教一般比印度教更强调禁欲主义,但并非各个教派、各个时期都是这样。印度教本身不同教派中性观念也大相径庭,有的完全纵欲,而有的则绝对禁欲。"①

5.1　神秘的林迦(Linga)

湿婆林迦(Sivalinga)具有象征性和神秘性,它是印度教湿婆派和性力派崇拜的男性生殖器像,象征湿婆神。印度全国各地的湿婆庙宇和家宅中的湿婆神龛主要供奉林迦,拜人形湿婆像的很少。性力派教徒胸前还佩戴林迦标志。林迦呈勃起状,以约尼为底座,约尼是女性生殖器像,象征湿婆的妻子。这种配合的含义是:阴阳二性永远不离,阴阳交合即万物的总体。信徒一般用鲜花、清水、青草、水果、树叶和干米供奉林迦。

①奇妙印度,圣洁的生殖崇拜.http://travel.163.com/06/0814/20/2OGUL2PR00061Q2M.html.

湿婆林迦——男性性力的象征

关于林迦崇拜的起源,在印度教神话中有这样的一个故事:大神湿婆,自从妻子帕尔瓦蒂去世后,终日郁郁寡欢。他远离众神,像一个没有灵魂的人一样到处游荡。有一天,湿婆来到了神仙们居住的森林里,看到了众神仙的妻子,他脱掉衣服,跳起了粗鲁的艳舞,他的艳舞竟然没有使众神的妻子感到厌恶,反而媚惑了所有在场的女人。听说此事,众神仙当然勃然大怒,联合起来诅咒这个跳舞的陌生人。片刻之间,跳舞者的生殖器掉了下来,湿婆也悄然消失不见。世界顿时黯然失色,太阳没有温度,圣火熄灭,星辰运行乱了轨道。众神仙不明所以,赶紧求助梵天,梵天告诉众神,跳舞之人是湿婆。而且,要想恢复原来的世界,只有重新塑造林迦,把它看成是湿婆的象征来虔诚崇拜,只有这样,一切才能恢复。于是神仙们塑造了林迦,并将林迦整整顶礼膜拜了一年,大地才恢复原来的样子。所以,印度教教徒也把林迦当湿婆来顶礼膜拜。

从历史的角度来说,林迦崇拜在很早以前就存在,对林迦的崇拜超出了任何一个民族的政治界限。对林迦的崇拜可以追溯到古代玛雅(Mayan)、埃及、美索不达米亚(Mesopotamian)和印度河谷文明。放射生命之光的林迦和古埃及的两性人有一定关联。1925 年,人们在周波(Zhob)谷地的农业部落里，发现了公元前3000年前刻着林迦的石头。希腊神阿波罗代表着太阳能量，其光焰有一股生殖和净化的力量。

在古代小亚细亚的许多宗教里，男性生殖器也有一定的崇拜意义。在印度尼西亚古代文明、印度古代文明和中国古代文明里都有过林迦崇拜。古代中国把林迦叫"尪(kuei)"，是一块长方形的玉石，顶部为三角形。尪上刻着大熊座的七颗星，也许象征的是时空。据说如果将波斯生命树的种子和水混合起来，就会保存世界的生殖力，因而是生殖的象征。

林迦崇拜演化为两种基本形式：柱子崇拜和男性生殖器崇拜。柱子崇拜的主要根据似乎是以宇宙轴心的观念为基础的。宇宙轴心牢不可破，代表着时空走廊的宇宙柱子，永远具有灵性。早期思想家想要弄清一神存在的现实，因而对宇宙的支撑提出了神圣支柱的原则。对男性生殖器的崇拜可以追溯到早期文明，而且和柱子崇拜的观念似乎完全不同，它主要强调生育力原则。

按照辨喜的说法，湿婆林迦源于有名的赞颂湿婆祭献桩柱而唱的诗歌集《阿闼婆吠陀》。这部圣歌集颂唱祭献桩柱，表明立祭献桩柱来代替不朽的《吠陀经》……接着，祭祀火、烟、火灰和火焰。苏摩树以及用来扛运吠陀祭祀用的木头的牛都让位于湿婆的身体，就这样，后来祭献桩柱及时让位于湿婆林迦。

对于林迦的起源和崇拜，学者们争论很大。有些人把林迦崇拜与生殖器相联系；有些人认为林迦崇拜来源于印度的土著居民；有些人认为把林迦崇拜与湿婆、楼陀罗崇拜联系起来与雅利安人不相干。还有个说法，林迦崇拜源于对树的崇拜，起初，对树的崇拜以树桩的形式保留了下来，以后树桩由石头桩代替，最后由林迦代替。

"林迦"一词在印度梵文文献中有许多意思，但该词的主要意思是标记或符号。即使对生殖器而言，也只表示一个符号。这个基本解释一直和湿婆等同起来，如果说湿婆是最终本原，无形，无终，无害；而林迦则是从无形的湿婆而来，是可见的符号，有形，有味。还有一种说法，在三位一体神中，梵天代表种子，毗湿奴代表种子容器，湿婆代表无种，但是是宇宙之起因，这样，神的个人形状属于林迦范畴。湿婆是所有有形形式的极限，林迦是代表湿婆神本人的最高存在,是整个创造和消亡的基座,象征宇宙创造、消亡循环的无穷无尽的过程。湿婆有双重性格,一方面,他是力量;一方面,他也代表最高存在,这种最高存在在宇宙中自己显现,称作有形物。

另一个问题是林迦到底算有形还是无形。有人认为,尽管林迦的形状看得见,但应该算作无形,神秘主义为林迦的超自然本质找到了合理性。林迦有 5 种:自然形状的林迦;人们想象的林迦;按照圣歌的描写塑造的林迦;称为卡拉(cara)的林迦以及作为偶像崇拜的林迦。

林迦由不同的材料做成:石头、宝石、金属、木头、泥巴以及现场其他的任意材料。这 6 种材料做的林迦还可以按照材料再进行细分,共 45 种。

有趣的是,不同种姓的人崇拜不同的林迦:婆罗门崇拜拉撒林迦(rasa-linga),刹帝利崇拜箭形林迦(bana linga),吠舍崇拜金子林迦(svarna linga),首陀罗崇拜石头林迦(sailaja-linga),而水晶林迦(sphatika linga)适合于所有种姓。

崇拜不同的林迦所产生的效果亦不相同:宝石林迦使人兴旺发达,给人荣耀;石头林迦使人功成名就;金属林迦使人积累财富;木头林迦使人其乐融融;泥土林迦使人心想事成。在所有的林迦里,圣河中磨光的白石子林迦最吉祥。

月份不同,所崇拜的林迦也有所不同:维沙克月(Vaishakha)崇拜宝石林迦;阿撒达月(Asadha)崇拜珍珠林迦;思拉万月(Sravana)崇拜蓝宝石林迦;帕得拉月崇拜红宝石林迦;卡提克月崇拜珊瑚林迦;法尔衮月(Phalguna)崇拜水晶林迦。

林迦似乎是湿婆崇拜的唯一形式。湿婆无所不在,但他特别以十二种形式,在十二个地方出现。其中,月亮神林迦(Somnath)在素玛特帕特城(Somnath Pattan)的扫拉石特拉(Saurashtra);斯里山林迦(Sri),在克里希纳河岸山上;玛哈卡拉林迦(Mahakala),在乌贾因(Ujjain);欧姆卡拉林迦(Omkara),在那马达河(Narmada)岸的欧姆卡拉;众神之神林迦(Amaresvara),在乌贾因;医药神林迦(Vaidyanatha),在孟加拉的底欧加(Deogarh);罗摩神林迦(Ramesa),由罗摩所建,在印度和斯里兰卡之间的塞士班达石(Setubandha)线上;毕玛三卡拉林迦(Bhimasankara),在达卡尼

(Dakini);众神林迦(Visvesvara),在贝纳勒斯(Banaras);特锐亚姆巴卡林迦(Tryambaka),在湿婆居住的戈马蹄（Gomati）河岸；乔达摩林迦(Gautamesa),地址不详;最后,克达垒撒林迦(Kedaresa),在喜马拉雅山。

有些纪念碑的形状也像林迦，其中一些林迦上刻着被纪念的人的像。湿婆教派的信徒把自己打扮成湿婆的样子,身上披挂着湿婆象征物。薇拉湿婆派(Vira Saivites)信徒到死脖子上都戴着林迦。

总而言之,林迦在印度教教徒的心目中已不仅仅是生殖器官而象征着湿婆神繁衍生命、创造万物的无限潜能,它象征婆罗门的超常力量,是湿婆教派的核心,也是印度教生活的一部分。

5.2 约尼(Yoni)

除了林迦崇拜外,也有相应的对女性生殖力的崇拜,即沙克蒂崇拜。前面提到过,约尼是女性生殖器像,象征湿婆的妻子。它与林迦放在一起的含义是:阴阳二性永远不离,阴阳交合即万物的总体。

沙克蒂崇拜要比林迦崇拜晚一些。崇拜沙克蒂的性力派是印度教的另一大派别。性力派的观点是:宇宙的发生和人类的产生是一样的道理,了解人身的玄妙就能了解宇宙的奥秘,而人的身上又以性现象最为神秘,它产生奇异的力量,所以探索性力就能解释宇宙。性力派宣称,通过对性爱的深刻体验就能亲证神明,达到与宇宙的灵魂合一。

印度教性力派的一些做法引起大多数有身份的印度教教徒的厌恶和反感。但是这些做法与崇拜林迦的湿婆派有共同的文化土壤,它们都是产生于印度教中自古就存在的生殖崇拜倾向,只不过崇拜的形式不同罢了。

印度教教徒信奉神灵,崇拜神灵,始终想要和神合二为一,所以,他们认为"性"和"爱"并不是一种类似于"罪"的事情,"性"是一种伟大的创造生命的活动,而"爱"是产生力量、创造生机的源泉。一个人,要想接近神或者归附神,他就应该通过性和爱排除世俗杂念、净化精神境界,这样才能达到目的。

了解了上面这一点,我们也就不难理解卡朱拉荷神庙毫无遮掩地给我

们展现的关于性和性爱的雕塑。

5.3 世界最大的性博物馆
——卡朱拉荷的性象征

卡朱拉荷神庙群位于中央邦的北部,建于章德拉朝代的鼎盛时期(公元950年至1050年),有一千多年的历史。它是世界知名的性爱神庙,在庙中雕满了男性和女性神祇交媾的雕塑像和美姿女神像。这些雕像充满了惊艳,散发了艺术想象力及创造力,堪称印度庙宇石雕中的极品。在卡朱拉荷庙中,也有特别突显性器官的石雕品,尤其是男性的生殖器林迦。

卡朱拉荷神庙性爱雕刻让人觉得印度是一个性观念非常开放的国度,实际上并非如此。在印度,有许多的禁欲主义者。真是很难想象,在这个神秘的国度里,充斥着禁欲主义和纵欲主义两种截然相反的文化传统。

世界最大的性博物馆——卡朱拉荷的性雕塑

一方面,性在印度教中被提升为一种神性,成为崇拜的对象;另一方面,又把性视为一种诱惑,一种可怕的毁灭力量,并且由此产生了巨大的恐惧。所以,印度教中那些代表性力量的神明,大都是爱与恨的复合体,都有仁慈和恐怖的双重性格。

或许正如马克思所说,印度的宗教"既是纵欲享乐的宗教又是札格纳特的宗教；既是和尚的宗教，又是舞女的宗教"。

提到马克思的这句话，不由得就想到了印度庙妓，她们是供高僧享用的性奴隶女孩。这也能够反映出，在古印度文化中，性与宗教是紧密联系的。

寺庙妓女的性不仅是为了乐欲，而且是为了敬神。庙妓们把自己当做是所伺候的神的娘子，因而，她们的淫荡不会受到公众的指责。

在印度，宗教的渗透与影响无所不在，很难把宗教与印度人的生活文化划分得很清楚，宗教即生活，生活即宗教。而人生最基本的性，在印度的宗教文化中举足轻重，是印度文化重要的组成部分。

印度几乎所有的宗教、文化和艺术都起源于《吠陀经》，在吠陀教传统中，性是永无终结的。无论是印度教教徒还是佛教教徒，都信仰"投胎转世"的人生轮回说，认为人死后灵魂可变成人或动物继续存在。而性就是人类这种人生轮回中的一个重要部分，人们认为生殖与性欲就是人生最关键的连接点。

总而言之，在印度这个神秘的国家，因为有着自己独特的文化，人们对性有着自己特别的观点和与众不同的理解。在我们看来，印度人似乎是将两种极端观点奇妙融合，既有粗鄙野蛮的一面，又有精美文雅的一面。

6 曼特拉、欧姆、歌雅特瑞曼特拉等符号

6.1 神秘的曼特拉(Mantra)

梵语词"Mantra"可以分为两部分,即"man"和"tra",其中"man"的意思是"心灵","tra"的意思是"引开去",所以,"Mantra"是能把人的心灵从其种种世俗的思想、忧虑、欲念、精神负担等引离开去的一组特殊语音。因此,一个人只要把注意力集中在他的语音上,就能逐渐超越愚昧无知和激情等品质,而处身在善良品质的高度上。

"Mantra"直译为"曼特拉",意译为"咒语"、"咒"、"颂歌"或"真言"。曼特拉有一种不可思议的境界,它有四个意思,分别是:

"第一个意思,所有的咒是鬼神王的名字,好像毗舍遮、鸠盘荼都是鬼神王的名字,你念鬼神王的名字,那小鬼小神就老实了。为什么呢?'啊!你认识我们这个鬼王,你认识我们的神王',这小鬼小神就不敢不守规矩了。

"第二个意思就好像军中的密号,军中的密号就是军中的口令。在军中每一天的口令不同,只有自己人才知道这个口令,外边的人不知道。好像今天的口令是'胜利',那么整个军队都知道口令是'胜利'。譬如我见到你不认识,就问你口令,你说'胜利',这就对了,是自己人。如果我问你口令,你说'吉祥',这就不是了,就要开枪打。为什么呢?你不是自己人。咒就和口令是一样的,我们念咒,鬼神一听,我们的口令是这样子,所以他们就都老实了,都守规矩了。如果不是,他们就要和你斗一斗。

"第三个意思是一种秘语,其他的人不知道,只有这个人才知道。就好

像本来有一个很穷、很卑贱的人,他跑到外国去,外国人也不知道他是谁。他就说:'我是某某国的国王,因为军人倒戈,国家政变,所以我跑出来到这个国家逃难。'国王也不知道是真是假,以为是真的,就把公主嫁给他,国王的女儿就和这个穷贱的人结婚了。这穷贱的人就装模作样以为自己是国王的身份,一天到晚发脾气,脾气还大得很。然后有一个认识他的人,知道他是一个穷贱的人,对公主讲:'他再发脾气,你只要说这句话,本来是一个贫贱的人,远游至他方,你何必有这么多的怒气呢?'这么一讲,这个贫贱的人就知道有人了解他的根底,于是再也不敢发脾气了。这咒也好像这样,你念咒,那鬼神认为你知道他的根底,知道他是怎么回事,就不敢对你不守规矩。

"第四个意思,咒是诸佛的心印、秘语,唯佛与佛才知道,其他的众生都不知道,所以咒就不翻译。也就是一人言说咒,众生随类各自遵守,某一类的众生听到这个咒都明白。好像我们人虽然不明白,可是鬼明白,神明白,阿修罗、畜生都明白,妖魔鬼怪也明白,所以你一念这个咒,他们就都老实了。"①

曼特拉是印度教教徒生活和宗教礼仪中不可缺少的一部分,要举行宗教仪式就必然要念曼特拉。印度教承认曼特拉的作用,因而,对于敬拜时要唱曼特拉这一条,要比磕头、烧香、献花的要求更加严格。

教徒们认为,敬拜时念曼特拉能够增强敬拜的效果。因为曼特拉是充满神力的神圣的声音,它表达了神性的某些方面,从而有助于唤醒某些意识。

曼特拉的历史可以追溯到五千年前的古梵书《吠陀经》,吠陀的诗歌集《梨俱吠陀》应是印度教最古老的音乐。这些从吠陀时代流传至今的神秘的曼特拉,据说是某个先知传给后世的。因此,这些曼特拉的音符环绕着印度教,成为一种语言符号。能够准确发音的能力被看做是可以接受的印度教信仰,这些声音会毁灭、创造和保护世界。

发音本身是检验曼特拉效果的基础,假如给教徒们讲清它的神秘意

①百度百科.咒语.http://baike.baidu.com/view/82728.html?tp=0_01.

思,教给他们正确的发音方法,曼特拉的声音就会爆发出创造力。前提是,导师要给信徒们打开宗教之门,给他们讲清曼特拉内在的神秘意义,所以,在有效的指导后,信徒能准确发音,朗读几篇曼特拉,就能使他们获得异常的精神灵感,如愿以偿。

这些曼特拉可能是单音节如"OM",也可能是《吠陀经》里的诗句,长达60个音节。在《性力经》中,音节长达110个。一般情况下,曼特拉是梵语,梵语是宗教礼仪的载体。不过,随着时间的推移,在印度的一些地方,一些语言的曼特拉,如印地语和泰米尔语,同梵语的曼特拉混合起来。

一般来说,吠陀曼特拉主要是为婆罗门种姓的信徒和再生者来唱,其他曼特拉,以《往世书》为基础,是为妇女和低种姓者来唱。在什么场合应该唱什么样的颂歌,《吠陀经》里都有专门的规定。比如:在做礼拜期间,每天要唱三次某个特定的曼特拉。

在后吠陀时期,《奥义书》和性力圣诗很流行。沙克蒂崇拜者的《性力经》里就有基本的曼特拉,这些曼特拉在《吠陀经》和《奥义书》中都能找到根源。这些诗歌中有近似于"OM"大量的单音节歌词。不过,在性力崇拜中有像可沙为木(Kshavm)、克里木(Klim)之类的歌,这些歌都很神秘,每首歌专门用于歌颂某个保护神。为了准确地唱出这些曼特拉,它们都被制订了专门的节奏、音调和速度,每个音节发音既不能太慢,也不能太快,要恰到好处。性力思想学派认为,恰到好处的发音速度和停顿加上越来越低的发音会取得良好效果,是同静思相配合的,存在于某一统一体之上,只有沉思、没有声音的发音功效奇佳。

进行宗教敬拜时,除了需要唱曼特拉外,还要求人们念神的名字和数念珠。重复这些数称为加帕(Japa),数念珠能够使教徒全心全意地想着神。

从象征意义上讲,如果一个信徒能把神的名字念上八遍、十二遍、三十二遍、一百零八遍以上,就能达到自己想要达到的精神目标。神的特定名字可以由信徒用于专门目的。按照古代经典,在服药时要默记毗湿奴的名字,吃饭时要默记加纳尔大拿(Janardana,黑天的别名)的名字,睡觉时要默记潘德曼那巴德(Padmanabha,梵天的别名)的名字。

同样,曼特拉需要重复颂唱。每首曼特拉都有其特定的意义和目的,一旦理解了它的意义,且正确无误地唱好,就会得到灵感。

　　除了曼特拉的歌词外,还有其高雅的听觉享受能为信徒创造出神圣的气氛,这样曼特拉的音符就是信徒灵魂归宿的象征。

　　曼特拉除了是宗教礼仪中必不可少的一部分外,它同时也是印度瑜伽语音冥想的一种,称为"曼特拉冥想"。"'曼特拉'的意思是能把人的心灵从其种种世俗的思想、忧虑、欲念、精神负担等等引离开去的一切特殊语言。'冥想'的意思是意念和意境的结合,冥想可以帮助修炼者的精神进入高境界,有助于身心的协调。一个人冥想时把注意力集中在他的瑜伽语音上,就能逐渐超越愚昧无知等不良因素,而处身在善良品质的高度上。从这一步,瑜伽冥想更往深处发展,逐渐演变为完美的禅,而最终地进入入定状态。"

6.2　神秘的音符"OM"

　　"OM"是所有曼特拉或真言中至高无上的一个,相应地,它在印度教中所处的重要地位也是不言而喻的, 它是印度教最神圣的音节和宗教符号,代表着婆罗门。"OM"由梵文的三个字母(aa,au 及 ma)组成,三个字音连起来便读成"OM"或"AUM",意思是"全能,无所不在"。

印度神秘符号

091

神秘的音符"OM"

　　在不同的领域和经典中,"OM"具有不同的象征意义。

　　在神学领域中,"OM"是婆罗门教,也就是印度教三位主神的密咒。它其至被认为包含且超过了三位主神以及《梨俱吠陀》、《婆摩吠陀》以及《耶柔吠陀》这三本经典。其中：

字母 a 代表：遍入天,毗湿奴

字母 u 代表：紧思天,楼陀罗以及后来的湿婆

字母 m 代表：大自在天,大梵天

在哲学领域中,"OM"代表了最高的哲学范畴:梵、原人、我。

在印度教象征符号中,"OM"是教徒们念的最多的神圣的声音符号,所有的吠陀诗句都是这个单音节的产物。据说,"OM"在创世纪以前就存在,因而它被看做印度教经典的最高圣音符。

"OM"不是一个词,它是字母的至尊组合,是一种语调,像音乐一样,超越了年龄、种族和文化的障碍。它本身就是佛经或祷告,如果一直重复同一语调,它可能会在身体内产生共鸣,穿入人的灵魂,达到和谐、简单、平和及极乐。《卡塔奥义书》(*Katha Upanishad*)中阐释了这个最高圣音符的精髓:"简明扼要地说,所有吠陀书宣称的目标,所有苦行者追求的目标,人们长久生活所向往的目标不是别的,就是'OM'。单音节的'OM'是千真万确的婆罗门,是最高的音节,你要是懂得它,你需要什么你就能得到什么。它是最好的见证,也是最高的见证,谁要懂得这个见证,谁就能受到婆罗门教教徒的敬慕。"

要理解"OM"的意义、目的和神秘之处,就得从哲学上去研究它。印度哲学认为,世间万物,都有名有形,名和形就是表现的条件。辨喜大师精湛地分析了这个主题,他写道:"在人类的微观世界中,任何一个精神素材的浪花,都必须受名和形的制约,如果说大自然是按图创造的话,则名和形的制约就是创造整个宇宙的总图。身体是形,思维是名,对个人来讲,在有限的精神素材中升起的思想浪花必然自动表现出来,首先以词的形式,然后以更加具体的形式表现出来。"

同样,造物主首先把宇宙以名表现,然后以形表现。在它后面有个不可分割的宇宙表现着斯佛特(Sphota,指单个的字母清晰发音之后突然出现的词义)。他把一个词作为其唯一可能的符号,这个符号就是"OM"。在任何情况下,我们都无法把这个词和思想分开,这个词和永恒的斯佛特不可分开。

斯佛特是词汇的材料，它没有明确的状态，也就是说，如果把所有区分词汇的特殊性去掉的话，剩下的只有斯佛特。这个斯佛特就是婆罗门的声音。

这么一来，作为婆罗门之声的"OM"或者斯佛特就是印度教神圣的符号。"OM"包括创造力的所有方面和角度，任何东西都无法替代，因而被吠陀经典冠以最高的单音节圣词。

关于"OM"的起源和显现，先知们解释道："上帝创造了坐着莲花的创造之神梵天，他想，到底靠哪一个单音就能心想事成，就能享有整个世界，就能主宰所有的神，就能享用《吠陀经》、所有祭献、所有声音以及静与动的创造物。"他修身养性，看见了无所不在、无所不能的"OM"，凭着它，梵天如愿以偿。梵天禁食三天三夜，面朝东方，进入忘我状态，嘴里反复念着不朽的"OM"，他顺利实现了所有的目标！

"OM"的正确发音为"AUM"，这个音包含了人类说话的所有语音，因而它被看做是永恒的福音，象征着神。在静坐时若吟诵"OM"，诵念者体内便与宇宙声音产生共鸣，他的思想始能契接宇宙。诵念者须感觉吟诵间的片刻宁静，让思想从诵音之间进入，直至诵音完全寂灭。当一个人真正地聆听寂静的声音，他必然进入静默，处于一种纯粹开放的存在状态中。

《奥义书》解释了"OM"的内在意义："OM"是弓，个人是箭，婆罗门教是目标，只要全心全意地朝着目标去射，他自己就会成为带箭的弓。

同样，所有吠陀经典充满着名形不可分离的"OM"这一音符，它是创造的推动力，对所有人类能表达的东西给予科学定义。

如今，在印度教教徒的日常生活中，"OM"也是随处可见的。"OM"象征着最深刻的印度教信仰，印度教教徒每天通过吟诵"OM"来开始他们一天的所有工作或旅途。"OM"这个神圣的标志也经常出现在信件和卷轴上。许多印度教教徒认为，穿着有"OM"标志的衣物或佩戴有"OM"标志的装饰品，象征着精神完美。

在印度教的庙宇、屋宇，或在民居设置的各种祭坛上，都会供奉"OM"字符。刚刚出生的孩子，在洗礼完成后，人们会用蜂蜜将"OM"这个神圣的音节写到他的舌头上，预示着"OM"字符从此进入他的生命，终其一生要成为虔信的标志。"OM"也是当代人体艺术和文身花刺的一个普遍的标志。

同样，"OM"除了与宗教有关外，同时也是印度瑜伽语音冥想的一种，称为"欧姆冥想"。具体是："舒适坐位，做瑜伽呼吸，高度注意呼吸，每次吸气和呼气时自觉自己的呼吸；做 5 次完全的呼吸，继续做完全呼吸，但每次呼气时，以感到舒适为限度，配以最深沉的、可以听见的声音念语音'欧姆'，这个语音应念得与呼气过程一样长：'欧——姆——'，这时把注意力集中到语音上，吟诵练习约 10 次；然后呼气和吸气时都在心里对自己念'欧姆'语音，同时感到身体的每一个毛孔吸入数十亿个'欧姆'音节，想象这几十亿个音节进入整个身心的最深处，带来和平、安宁和无畏的心情。每次吸气，感到身体每一个细胞都充满了这种和平、宁静和力量。每次呼气，感到无数的'欧姆'音节把这种和平传播到整个环境、整个宇宙，以至一切生灵上去。此练习至少 50 次。此冥想的结果是入定。"[①]

6.3　神秘的歌雅特瑞曼特拉
(Gayatri Mantra)

《吠陀经》中仅次于"OM"的最神圣的曼特拉就是歌雅特瑞曼特拉。四部《吠陀经》都反复解释了歌雅特瑞曼特拉的精神实质。

最早的《梨俱吠陀》中第三章就提到歌雅特瑞曼特拉，《娑摩吠陀》中提到三次，因而歌雅特瑞曼特拉被称为"吠陀之母"或"智慧之母"。它被看做是导师的神秘经文或咒文，导师用它来引导弟子进入印度教中神的世界，真正领略了它，教徒就成为再生的婆罗门。

它是印度教和印度教教徒信仰、启发智慧最重要的曼特拉，它意味着"愿万能的圣主明亮我们的智力，引导我们遵循正确的道路"。

歌雅特瑞曼特拉原文如下：

Om Bhur bubsya! Tatsavetuvarenya Bharga Devasya Dhimahi Dhiyoonah Prochodayat Om!

意译为：我们沉浸在我们至高无上的圣主最值得敬慕的、最

印度神秘符号

094

①百度百科.瑜伽语音冥想. http://baike.baidu.com/view/1072360.htm.

令人向往的、最令人陶醉的荣耀之中,他是我们的创造者,是我们产生灵感和内在喜悦的源泉。愿这光明赐予我们灵感,启发我们的智力,驱散我们的无知。

这句曼特拉是崇拜万物的救世主、不朽和平的象征太阳神的。追随太阳神,就可以消灭痛苦,永远幸福,发展智力,获得灵感。如果口念或心念曼特拉,就可以铺平永远幸福之路,使人脑子敏锐、精力集中。它有神奇的力量,只要念它,精神钟声就会响起,和最高神灵共享幸福生活。这句曼特拉只有婆罗门教教徒才能念唱,使人灵感涌现,头脑清楚,灵魂进入上帝居住的地方。同时可以帮助教徒到达梵境,进入永恒的最高自我,没有生死痛苦。

简单一句话,歌雅特瑞曼特拉的目的在于使教徒的生活没有痛苦,懂得其意义,诵念它就可以使人聪明,使灵魂成为最高存在的一部分,达到最后解脱。

7 人生各阶段仪式的象征符号

从前面我们已经知道,印度是个宗教盛行的国家,在印度人眼里,没有宗教就没有生活。宗教是一种生活方式,这种思想体现在印度人生活的各个方面。因为信仰宗教,所以人们每天的生活都是按宗教教义行事的。可以说,他们从早到晚,从生到死,一举一动,无不与宗教联系在一起,无不与宗教礼拜、宗教仪式联系在一起。

印度教有很多纯粹的宗教仪式,对于印度教教徒来说,这些宗教仪式都有着很重要的象征意义。总的来说,他们认为,这些仪式能够使人的生活纯洁且神圣,进行了这些仪式,死后灵魂就能得到解脱和升华。

一般来说,印度教的宗教仪式从整体上可以分为家庭祭和天启祭两大类。家庭祭在家中进行,和一个人的成长历程有关;天启祭是公共祭祀活动。印度教的宗教仪式到底有多少,说法不一,在古代经典中有各种记载,有的提到 13 个,有的提到 18 个,有的提到 40 多个,实际上最主要的是 13 个,分别是:(1)授胎礼;(2)生男礼;(3)分发礼;(4)诞生礼;(5)命名礼;(6)出门礼;(7)初食礼;(8)剃发礼;(9)穿耳眼礼;(10)入法礼;(11)再生礼;(12)结婚礼;(13)葬礼。

在这些仪式中,也有一些有特殊象征意义的物体或做法出现,值得我们去了解和探究,这也称得上是神秘符号的一部分。了解了这些仪式,了解了这些仪式中某些物体或做法的象征意义,也有助于我们破解印度文化的神秘之处,进一步熟悉和体会印度文化,从而能够更加了解印度这个神秘的国度。

一、受胎礼

主要是新娘新郎祈祷生育健康、漂亮的孩子的仪式。有的人在结婚后第四天举行,有的人在女子月经期过后举行。据记载,一个没有进行沐浴或身患某种疾病的女子婚后是没有资格接受这一仪式的。

二、生男礼

是祈祷生男孩的仪式。根据《摩奴法论》的规定,此仪式应在孕妇怀孕后的第四个月举行。举行仪式时,夫妻共同祈求,怀孕的女子怀里要放一个盛满水的罐子,以求生个勇敢的男孩。而且,举行完仪式的那一天晚上,要用榕树皮的汁点入孕妇右面的鼻孔,以求保护孕妇,以防其小产。

三、分发礼

在妇女怀孕三四个月后,将其头发分开,祈求母亲和胎儿平安。举行仪式时,先向女神祈祷。接着,孕妇的头发会被向上梳起,并用饰物装饰打扮一番,这样的做法象征着孕妇和孩子会平安、健康,可以达到消灾避邪的目的。

四、诞生礼

也是和孩子有关的礼仪,主要是祈祷祝福新生儿能够健康地成长。诞生礼是在婴儿出生后,脐带被剪断前进行的。举行仪式时,会诵念祝福性的咒语,也要用金匙喂婴儿几滴蜂蜜和酥油(也可以是黄油),象征着祝福和健康;在婴儿的脐带被剪掉后,给婴儿洗澡,以求其能健健康康地成长。

五、命名礼

婴儿出生后,父母经过仔细推敲、斟酌,会给婴儿起一个名字。《摩奴法论》中规定,婴儿出生的第十天或第十二天为吉日良辰,应给婴儿举办起名仪式。因此,父母会在孩子出生后第十天举行命名仪式。

所起的名字大都同自然界的万物有关,象征着美好、吉祥;也有很多名字是与人们崇拜的诸神的名字有关的,也象征着吉祥和祝福,因为与神名有关的名字,就相当于天天在呼唤着神,结果肯定是能引来神灵、赐予他们福祉的。

举行仪式前,要把房间打扫得干干净净,母亲和婴儿也要沐浴洁身。举行完宗教仪式后,婴儿的母亲用洁净的布将婴儿包好,交给婴儿的父亲。父亲将婴儿贴在胸前,告诉孩子,父亲在给他起名。母亲则向着太阳祈祷。然后父亲附在婴儿的耳朵边说:"你是神的信徒,你的名字是……"这时,在场的祭司和亲友则会说:"这是一个美丽的名字。"之后祭司为婴儿祝福。婴儿的父母招待祭司和亲友吃过饭后,众人才散去。

六、出门礼

在婴儿出生四个月后举行,在仪式前小孩不可以出门。仪式的主要内容是让孩子观看太阳,象征着孩子从此就可以出门。

七、初食礼

婴儿长到六个月时,给婴儿喂米饭、酥油、蜂蜜和牛奶粥等。这些食物的食用象征着婴儿可以开始吃些粮食性食物了。

八、剃发礼

是剃掉婴儿胎发的仪式。按照传统的习惯,印度教家庭在男孩满三岁时要举行剃发礼。印度教教徒认为,举行这种仪式能使婴儿长命百岁。

这种剃掉婴儿胎发的仪式特别讲究,剃发仪式要请祭司、理发师和亲友参加。父母把孩子抱进搭起的彩棚里,放在身旁。仪式由祭司主持,祭司在男孩身边画一个正方形,用红砂土画上图案,并撒上大米。然后让男孩坐在图的旁边,由理发师剃发。理发师应该先剃右侧,再剃左侧。印度教教徒的剃发礼并不将头发全部剃掉,要保留一缕头发。

虔诚纯正的印度教教徒头顶上都会留这么一缕头发,称为西克哈(Sikha),东印度称之为提基(Tiki)。提基一般留在头顶最中心,因为创造之神梵天就住在山顶,从山的最顶端发出神光。在南印度,虔诚的婆罗门教教徒留着西克哈很普遍。泰米尔婆罗门教教徒在剃头时,那一绺西克哈是万万不能剃掉的。探特里克思想学派把西克哈看做是灵魂口,人出生时灵魂从灵魂口进入人体,死亡时灵魂从灵魂口出去。人们认为,人在出生前是同死人一样的。西克哈是灵魂的储藏处,所有的精神能量都集中在这个储藏处。《吠陀经》上说:"如果一个人把头剃干净,不留一绺西克哈遮盖,他就空空如也,因为西克哈是他的保护盖。因此,留西克哈的虔诚的印度教教徒可以平静地面对生活中出现的任何不测事件。"

另外,剃下的婴儿的胎发是不能随便扔掉的,必须"用榕树叶包好放在一个最高处,或把胎发放入面团中扔进恒河或其他河流湖泊中,让水冲走,或是混入牛粪埋在地下"。[1]这样做主要是求婴儿能够健康、长命百岁。"剃发后在婴儿头上擦些黄油或酸牛奶,然后给小孩洗澡,举行祈祷和宴请活动。邀请许多亲朋好友参加,应邀者带些赠送小孩的礼物纷纷前来祝贺,歌者、舞者杂在其间,有的规模相当庞大,多达几百人,乃至上千人,热闹非凡。还有人去女神庙、宗教圣地或恒河和其他圣河举行这种剃发仪式。"[2]

九、穿耳眼礼

是为了给孩子求得祝福的仪式。举行仪式时,要请首饰匠或理发师给小孩的两耳举行穿耳眼仪式,还要祈祷、敬神,祈求孩子得到保佑和祝福。

十、入法礼

印度教把人的一生分为四个阶段,又称"四个行期",即:梵行期、家居期、林栖期和遁世期。印度教教徒的男童在5岁至8岁期间要举行拜师礼或入法礼。这是为男童拜宗教导师、离家接受宗教训练而举行的一种仪式。拜师仪式开始时,父母要为拜师的男童沐浴、剃发,并接受老师赠送的离家苦修的衣服,其中有一块遮羞布。老师口诵经文把衣物送给拜师的男童,接着又赠送草编的腰带,授圣带,并把兽皮衣、木棍等物送给男童。之后,老师掬起一捧水倒在拜师男童手中,象征着老师把知识传授给学生。拜师的男

---

① 印度:宗教信仰.http://www.cncn.com/channel/nation/wouldmz/india/cult.htm.
② 同上。

印度神秘符号

099

童要向太阳祈祷，才会被老师接受为自己的学生。老师在学生面前念诵太阳经文："这是现实，这是智慧，这是光明，我们拥有明媚的阳光。它是火，点燃了我们的聪明和智慧。"

拜师仪式结束后，男童就被送到导师家，与导师同住，学习吠陀，钻研《奥义书》，接受各种戒律训练，直至梵行期结束（大约 12 年）才重新回到家中，过世俗生活，开始家居期。

十一、再生礼

在印度，经常可以看见一些男子手腕上戴有白色的线圈，这就是印度教高种姓佩戴的圣线。根据印度教的种姓制度，婆罗门、刹帝利和吠舍称再生种姓或再生族，认为他们有两次生命，第一次生命由父母所给，第二次是通过戴圣线，由女神和老师所给。因此，只有婆罗门、刹帝利和吠舍这三个种姓才有权利戴圣线，首陀罗和贱民是不能戴圣线的。圣线由三股线拧成，婆罗门的男孩戴棉线圣线，刹帝利的男孩戴亚麻圣线，吠舍的男孩戴毛线圣线。

男孩子首次戴圣线时，要举行戴圣线仪式。一般由婆罗门祭司口诵经文，给男孩子戴上圣线，象征着其获得了第二次生命，从此他的地位也提高了，应该开始遵守各种与种姓有关的规定。

十二、结婚礼

在印度教社会，结婚是宗教礼仪的一部分。对于一个正统印度教教徒来说，结婚的首要目的是要完成规定的种种宗教职责。婚礼也是一系列宗教仪式的一部分，具有宗教意义。整个婚礼过程中，婆罗门祭司自始至终发挥着重要的作用，而且整场婚礼必须是围绕某一圣物展开的。

对婚礼的服装也有讲究。大多数情况下，新娘都应该穿金边的红色和白色婚纱，白色象征纯洁，而红色象征生活富裕和人丁兴旺。婚礼中的牛奶和清水象征着他们即将开始新生活；新郎和新娘的肩头缠绕 24 圈白布，象征他们的结合；新郎和新娘手中的大米、燕麦、树叶等，象征着财富、健康、繁荣和幸福；用酒泡过的玫瑰花瓣意在驱除邪恶；等等。

十三、葬礼

　　主要是为了让死者的灵魂能够在阴间获得安息,是一种把今生与来世连接在一起的仪式。印度教一般实行火葬,人们在抬死者去焚尸场或河边的路上,嘴里会不停地喊着:"罗摩,罗摩是真理。"意思是说罗摩在召唤,象征着死者要回罗摩那里去了,即死者要升天了。死者的骨灰,一般都要撒在河里,让河水冲走,河水可以洗掉死者生前的罪过,使其变得圣洁。

8 神秘的额头灰记(Tilak)

Tilak 是印度教教徒额头上的灰记,在印地语中叫提拉克(Tilak),也称作蒂卡(Tika)。它是神灵祝福的符号,可以是一个小圆点,也可以画满整个额头,是代表全能、全知的第三只眼。接受这一祝福是多数印度教仪式上必不可少的部分,接受提拉克的人将受到神的护佑。印度的众神、瑜伽者、圣徒、圣人和圣雄等,他们的前额都点有提拉克。不同的人,额头上会有不同的提拉克,名称、点法以及象征意义也会不同。

神秘的灰记

8.1 吉祥痣

点在印度妇女额间的提拉克被称为"吉祥痣"。它是印度妇女独特的一种饰物,点在前额的眉心,是历史悠久的一种习俗。它是喜庆、吉祥的象征,所以印度人称其为吉祥痣,也称"迪勒格",它也是印度教教徒额头上的一种装饰性的或宗教性的标志。

传统的吉祥痣是用檀香、朱砂、黏土、火山灰、糯米或玫瑰花瓣等材料

印度神秘符号

捣成的糊状物制作而成的,在一些特殊场合则使用藏红花。据说点用檀香制作的吉祥痣可以解脱一个人的罪过,还可以增添智慧和保持头脑冷静。

吉祥痣的形状多数是圆的,也有瓜子形、星形、水滴形、横形、竖形、三角形和五角形的等等。它们的颜色多数是红色的,也有紫色、绿色、黄色、黑色等等。

印度古代的瑜伽行者认为,前额的眉心是人生命力的源泉,是人的活力中心,所以平日必须涂朱砂或药膏加以保护,不可任它裸露,否则将招来凶祸。

印度教认为湿婆神的第三只眼睛就在这个位置,在这里点上吉祥痣,可以产生纯真的思想;而且前额的眉心处也是可以控制整个身体的地方,一个人的第六感或者说是第三只眼睛就在这个地方。印度教认为这个位置还蕴藏着掌控思想和活动的意识及潜意识,影响着一个人的整个身体,既可以把人变成神,也可以把人变成恶魔;既可以让人聪明,也可以让人愚蠢。总之,在这里点吉祥痣,可以使人的灵魂和精神得到升华。

另外,也有人认为在前额的中间点上吉祥痣会使人感到自信和平静。

点吉祥痣并不仅仅是为了美观,而是有着特殊的含义及象征。不同颜色和形状的吉祥痣,在不同的场合或情况下表示不同的含意,但总的来说,它是喜庆、吉祥的象征。

最初,吉祥痣被看做是一种宗教符号,用来消灾避邪。

根据印度教的教义,在所有的宗教仪式或祈祷仪式上都需要点提拉克,否则仪式就不算完整,所有的祈祷和努力都不会有结果。对于婆罗门祭司来说,在主持祈祷和其他庆典活动时,额头上必须要有一个提拉克。

人们信奉的神不同,额头上的提拉克形状也会有所不同,如:信奉毗湿奴的人,其额头上的提拉克是两个向上的细线;信奉沙克蒂神的人,其额头上的提拉克是两个圆点;信奉湿婆的人,其额头上的提拉克是三条横线。

印度妇女额上的痣,以红色最为普遍,也有少数妇女点上紫黑色。不同的颜色代表的意义不同。一般情况下,如果点在妇女额头上的吉祥痣是一圆红点,首先,表示该妇女已婚;其次,表示她丈夫健在;再次,表示她的家庭平安、如意。另外,在新人举行婚礼的当天,丈夫会亲自用朱砂粉在妻子的额头中央点"红点",预示婚后生活的幸福美满；婚后，如果丈夫健在，妻子每天都要自己点上，以表吉祥如意之意，否则，会受到家中老人和亲友的批评。因此，在这种情况下，红色的吉祥痣是已婚妇女的标志，未婚的女子和寡妇不能使用。未婚女子点痣不用红色而用紫黑色；生孩子或回娘家的妇女，也以紫黑色痣作点缀。

渐渐地，随着时代的发展和进步，在日趋现代化的印度，情况有所改变。从前，吉祥痣只用红色，是女子已婚的标志，未婚的姑娘或寡妇不能使用。现在的吉祥痣已经不完全是宗教的象征了，而是成为一种具有民族传统的装饰和美化人们生活的方式。因此，越来越多的人开始在额头上点红痣，并把其当做一种时尚和时髦，无论是印度教教徒还是其他教徒，无论是已婚的还是未婚的女子，甚至已经不只限于女性才可以点红色吉祥痣了。但令人遗憾的是，一般情况下寡妇仍然没有资格在额头上点红色吉祥痣。

无论是从材料还是造型上来讲，吉祥痣都变得五花八门、丰富多彩了，其颜色除了红色外，还有紫色、绿色、黄色、黑色等等。传统的用朱砂点吉祥痣的方法也逐渐被淘汰，妇女们大都用市场上出售的一盒盒做成的吉祥痣，或者是用塑料、即可贴等制作的各种各样的吉祥痣造型，用时取出贴在前额上，方便而且颜色多种多样，根据自己的喜好来搭配不同颜色的衣服和首饰。如着紫色纱丽时就点紫色的吉祥痣，着红色纱丽时就点红色的吉祥痣，显得浑然一体、妩媚动人。

点黑色痣的人较少，一般都有特殊寓意，如：如果某家的小孩长得健康活泼，招人喜爱，这时家人可能就会故意给小孩的前额上点个黑痣，主要目的及愿望是希望能够减少其可爱或漂亮程度，避免夭折。

吉祥痣不仅仅是印度妇女的一种装饰，还具有浓厚的宗教色彩，被教徒们用来表示对神的虔诚。婆罗门教的妇女每天早晚沐浴以后都要点一下吉祥痣，出门旅行之前也要点一点，而且还要家中的年长妇女或其兄弟姐妹代点。印度人认为点痣的部位是灵感的中枢，点上后在心里有一种悠然自得的安全感。在古代印度，当战士出征前，家里人也为男子点上吉祥痣，祈求他们凯旋。

目前，在印度，只要有喜庆的节日或重大的活动，妇女们必须点吉祥

印度神秘符号

痣,即使贵为国家元首也不能例外。

按照传统,给客人点红,是印度人给予尊贵来宾的一种传统礼遇,象征着授予荣誉。印度人在对客人表示欢迎,或者为人送行时都可以给其点提拉克,表示良好的祝愿。

值得注意的是,点吉祥痣所用手指也有讲究,用不同的手指,会表示不同的效果及象征意义:用无名指点象征带来平安;用中指点象征延年益寿;用拇指点象征增进健康;用食指点象征驱邪避灾。

总的来说,提拉克有着特殊的含义及象征,它代表着喜庆、吉祥。可以说,印度人,无论男女老少,无论他们属于哪个教派,从生到死,吉祥痣已经成为他们生活中不可缺少的一部分了。

点提拉克的习俗可以追溯到《梨俱吠陀》时代。吠陀时代的人们在祭火结束之后,常常在自己身体的几个部位抹上灰、奶油等,抹灰记是宗教典礼或仪式中的一个重要环节。

随着时间的推移,点提拉克的习俗进一步发展并融入湿婆派和毗湿奴派的成长进程中,逐渐演变成湿婆派教徒和毗湿奴派教徒与众不同的标记。

8.2 湿婆派的灰记:特瑞普恩德茹阿（Tripundra）

湿婆派的提拉克为三条横线,梵文称为"Tripundra",是印度教三位一体神湿婆以及湿婆神的信奉者在头上和身上所画的三条横线标志,和毗湿奴教派的 U 形提拉克作为区分。

所谓特瑞普恩德茹阿,就是在身体的不同部位用灰打上标记,象征精神抱负。主要在前额至鼻子、双臂、胸前等处用不同的颜色画出由线条和圆点组成的图案,不同的图案与不同的教派有关,表示洗涤罪恶、净化灵魂。人死之后,不是变为骨灰就是化为泥土,灰是一切最内在的自我,身上涂上特瑞普恩德茹阿,表示身体是泥土的变化形式,因而人们应该抛弃一切世俗的东西。

有些教徒用牛粪和灰,据说财富女神拉克西米就住在牛体内。因而牛粪和灰可以清除人体臭味,净化人体。据说有五种牛粪做的灰,称为"圣灰",每种圣灰的意义不同。韦布提灰(Vibhuti)能使人有无穷力量,兴旺发达;波哈得拉灰(Bhadra)能助人消除罪恶;波哈丝玛灰(Bhasma)使人一生光彩照人;可撒拉灰(Ksara)使人一生平安;而拉克撒灰(Raksa)则可以驱邪免灾。

对于波哈丝玛灰的使用和在身体上的涂法,主要有两种。除了最基本的部位前额以外,圣灰应该涂到脖子、脖子右侧、面颊、眼睛、嘴巴、心脏部位、肚脐眼、左右肩、左右肘、左右腕、左右手掌背部,以及肩胛等处。如果不会唱圣歌,只要念"欧姆(OM),西瓦呀那玛哈(Shivaya Namaha)"即可。

除了涂圣灰以外,虔诚的湿婆教教徒还应该点特瑞普恩德茹阿提拉克。把大拇指放到中指和无名指中间,从眉毛中间开始画起,一直到四肢,画出来的各种记号就叫特瑞普恩德茹阿。人的身体上有十二个地方可以画特瑞普恩德茹阿提拉克。

特瑞普恩德茹阿象征着生命,表示印度教神的三个能力:创造、保护和毁灭,即代表梵天、毗湿奴和湿婆三位一体,因而特瑞普恩德茹阿象征着上帝本身。

特瑞普恩德茹阿也代表了人的三个目的:德、轻、质。它的三条线还象征工作能力、意志能力和知识能力;也代表湿婆的三种情绪,而且这三种情绪是特瑞普恩德茹阿的象征性代表。

为什么要在不同的位置画特瑞普恩德茹阿?对此,《奥义书》中明确地说明:"在头上画特瑞普恩德茹阿提拉克,就可以把前几世积的罪孽都消掉;身体嗓子以上部位犯的罪孽,只能在脖子以上画灰记才能消除;在耳朵以上画灰记就能消除耳朵的疾病和耳朵所犯的罪孽;胳膊上画灰记就能消除胳膊部位以上犯的罪孽;胸部上的灰记可以消除胸部以上犯的罪孽;头顶上的灰记可以消除思想上犯的罪孽;肚脐眼上的灰记能够消除性器官犯的罪孽;背上的灰记能消灾免祸;身体两侧的灰记能消除欺别人之妻之罪。因此,每个人都应该画灰记来消灾免祸。"

所以,在身体的不同部位画灰记,唱不同的圣歌就能消除身体不同部位所犯的罪孽。现在有 34 种湿婆派灰记,由不同的湿婆崇拜教派来信奉。湿婆崇拜者大致分为两类:林迦崇拜者和湿婆崇拜者。林迦崇拜者是坚定的湿婆信奉者,不信奉毗湿奴和拉克西米,喜欢珍藏装有林迦的盒子;而湿婆崇拜者既信奉毗湿奴又信奉湿婆。随着时代的变迁,出现了许多的教派,信奉不同的灰记。

灰记作为湿婆象征世世代代流传至今,但在今天,对大多数信徒来说,涂灰记只是一种习惯和惯例,他们并未去细细体会其中的意义,但它仍然是湿婆崇拜者宗教精神的一部分。

8.3 毗湿奴派的 U 形灰记
（Urdhapundra）

在前额上涂灰记是一种非常古老的艺术,可以追溯到吠陀雅利安时期。它逐渐成为印度教教徒的礼仪,湿婆教派和毗湿奴教派发展了自己各具特点的涂灰记艺术。这种艺术延续至今,成为所有印度教教徒不分种族、不分教义、不分肤色的习惯标记。

在《梨俱吠陀》时代,举行亚祭火(yagya)或圣火(homa)仪式时需要涂灰记。在仪式结束时,吠陀人在前额、脖子下端、胳膊和胸部涂灰记。他们把灰和酥油放进一个长勺里混合起来,再用食指涂到身体上。如果没有涂灰记,杀生祭献、祭火、念经文都会不值一钱。一般的教徒用泥涂成一条竖线,再用灰涂三条直线,但如果是一个再生者,就得用檀香浆涂灰记。

用不同的指头涂灰记,其意义也不一样。用大拇指涂的灰记能使人健康;中指涂的灰记能使人长寿;无名指涂的灰记能使人发财;食指涂的灰记能使人灵魂得救。

《吠陀经》上说,四个种姓有四种不同的灰记标记法:前额上的两条竖线现在变成了 U 形,称为 U 形灰记,为婆罗门种姓专用;前额上画三条很宽的向上的竖线,再往上面画一个圆点,叫特瑞普恩德茹阿,是刹帝利种姓的灰记;吠舍的灰记叫阿达钱德拉(Ardhachandra),它是在一个半月中间再画一个圆点；首陀罗的灰记叫帕塔尔（Partal），只是简单地在前额上画个大圆点。

尽管有这样的规定，但毗湿奴派教徒一般涂婆罗门灰记，湿婆派教徒喜欢涂刹帝利灰记。毗湿奴派教徒的灰记比湿婆派教徒的灰记更加特殊。虔诚的毗湿奴派教徒要在身体的十二个部位涂上灰记。除了三条竖线外，他们还把毗湿奴手上拿的四样东西——海螺、轮宝、法棒和莲花也涂在身体的不同部位，还把克里希纳和他最宠爱的情人拉达（Radha）的许多名字也印上去，他们把神的四个象征及名字刻到木头上，再印到身上。

8.4 "第三只眼"的秘密

在印度瑜伽里面，很多人把吉祥痣所在的位置形容为人的"第三只眼"。在瑜伽修炼者认为，吉祥痣之所以被叫做"第三只眼"是如果它被激活，就有可能看到某些不同世界的事件和景象。

甚至有人说，两眼球之间的那一个点，标志着一个是世界的结束，另一个是世界的开始；那个点是个门，门的一边是一个活跃的世界，另一边则是一个未知的灵性的世界。

从宗教意义的角度来讲，灰记的位置是不能随便放的，只有一个能将他的手放在额前而能找出那个点的人，可以告诉你在哪里放置灰记，随便点灰记是没什么用处的，因为那个位置是因人而异的。据说，每个人"第三只眼"的位置并不相同，大部分人是在两眼球中间的上方，如果某人的前世曾经长期地静心而有过一些入定的经验，那么他的"第三只眼"就会低些。从"第三只眼"所处的位置，可以看出前世的静心程度，也可以看出前世的入定状态。如果经常入定，那个点就会更低些，甚至是跟眼睛同高，但不会更低了；如果那个点跟眼睛成一直线，那么只是轻轻地碰触那里就会入定，事实上跟碰触有可能无关，就像我们会惊异某人经常毫无理由地就入定。有一个故事这样讲：有一位女尼，她从井里提了一壶水放到头上，回程中，水壶翻了，水流下来，女尼就入定成道。整件事看起来没什么道理，只因水壶翻了，就入定，没有什么逻辑可言。

而且，如果额前的檀香灰记被放在正确的位置，可以预示一些事情。如果灰记的大小与人的"第三只眼"一样，并被点在正确的位置，将24个小时都记得那个点，而且，这个时候人就有能力打开"第三只眼"，整个意识会结晶化而只专注于"第三只眼"。

　　所以灰记的第一个用途是让人全天24小时能记住身上正确的点，另一个用途则是师父更容易知道人的状态，而不须将手放在其额头上。因为当"第三只眼"往下移时，人就会把灰记放在低一点的位置，每天都要去感觉"第三只眼"，然后将灰记放到那里。

　　一个师父可能有成千的弟子，当弟子跟他行摸脚礼时，据说，师父只要看灰记就无须问他的状态，因为灰记会显示弟子的状态或者他被什么事情阻碍住而无法流动。如果弟子感觉不到那个点下移，表示他的意识还没完全专注；如果弟子将灰记放错位置，表示他还没察觉到正确的点。当那个点往下移时，静心的方法就要改变了。

　　另外，据说，提拉克在使用上有些不同。对女人来说提拉克有特殊意义，女人眉间的"第三只眼"能量中心很弱，因为女人的整个人格特质被创造出来服众，服众就是她的美，如果她的"第三只眼"能量中心变强，服众将很困难，她的"第三只眼"能量中心跟男人比相当弱，这就是为什么女人总是需要某人不同程度的帮助。女人没办法独立冒险而总是寻求援助的手，或依靠某人的肩膀，或某人来带领她，她特别喜欢别人告诉她做什么，她也乐于跟随。

　　印度是唯一尝试让女人"第三只眼"中心被激活的国家。这只是因为女人感觉到除非"第三只眼"中心被激活，否则将无法在灵性之旅上有任何进展，她没办法无意志力地从事任何静心训练，她必需坚韧不拔。但增强女人的"第三只眼"中心需用不同方式，因为如果用跟男人同样的方式，将会减低女人的家庭性而开始产生男人的特质。

　　所以提拉克一定要跟女人的丈夫关联，这个关联是必需的，因为如果只是着眼于独立性，女人的独立性一增加就会变得自负。女人变得越独立，就越棘手。本来她柔顺地寻求别人的帮助，一旦变独立了，就不可避免地变得坚韧不拔，这将会破坏她的家庭，服从也会变得困难。因此才会让女人的

意志力跟丈夫的连接,这有助于两方面,一来家庭不会被破坏,二来也可以激活女人的意志力中心。

用这个方式了解到:女人的"第三只眼"能量中心没办法反对它所关联的人,如果它有意跟一个宗教上的师父连接,它将无法反对他,如果它跟她的丈夫连接,它也无法反对他。当提拉克被放置在女人前额的正确位置上,而且跟她的丈夫紧紧连接时,她将跟随他,而她也有能力脱离对世界的依赖。

提拉克给女人以深刻的暗示,她只保持对她丈夫敞开,而对别人封闭,她将会听到任何来自于她丈夫的轻声细语,她也没有意愿听从别人的大声命令,她的"第三只眼"中心是跟她丈夫连接的。这个暗示,这个咒语,被用来连接女人的提拉克,她将只是跟随她丈夫一个,只是服从他一个,对于世界她将保持自由独立,但现在对于家庭将不会有问题,她的女性特质能被保持,而她的家庭性也能远离打扰。当女人的丈夫一死,提拉克就必须被移除,因为现在她不需要跟随任何人了。

关于提拉克,人们的想法没有任何科学依据,他们认为此时女人变成一扇窗,所以提拉克被移除。其实移除提拉克是有理由的,为了平静的生活,她现在必须活得像男人,变得越独立越好,即使是极轻微的弱点也有可能导致她跟随一个应该远离的人。

提拉克必须用正确的材质放置在正确的位置上,否则是愚蠢的。如果提拉克只是用来装饰,则没有价值,那就只是个形式。当提拉克首次被使用时,它必须在固定的典礼与仪式中进行,除非如此它才有效果。①

或许,对于没有什么宗教信仰的人来说,"第三只眼"的说法是神秘而复杂的,甚至有些匪夷所思。

8.5 苦行僧额头上的灰记

苦行僧是印度教国家里独有的一道社会景观。"苦行"一词,梵文原意

---

①隐藏的神秘之第三只眼的秘密.http://www.docin.com/p-4203993.html.

为"热"，因为印度气候炎热，宗教徒便把受热作为苦行的主要手段。苦行在印度已有数千年的历史，是古印度时期盛行的一种修炼方式。印度教把人的一生分成梵行期、家居期、林栖期和遁世期四大阶段。一些印度教教徒在经历了学业、工作以及成家立业等人生的几个重要阶段，并在子女长大成人后，就离家出走，去做自己想做或应该做的事情，即去当神的使者或神的仆从。印度教认为，人需要经过多次的轮回才能进入天堂。因此，苦行僧通过折磨和虐待自己的身体，把自己的身体看做是罪孽的载体，他们希望通过把物质需求降到最低来获得心灵的解脱，得到神的庇护和恩赐，从而摆脱无尽的轮回之苦。

有学者认为，苦行僧的兴起是为了对抗种姓制度。一些主张废除种姓制度的人希望通过加入不分尊卑贵贱的苦行僧行列，来达到种姓平等的大同世界。他们认为，人生而平等，只要对神忠心和虔诚，各个种姓的人都可以在神的面前一视同仁，得到神的庇护。

苦行僧心里的湿婆

苦行僧内部分很多派别。从大的角度划分，可以分为两大派，一派信奉毗湿奴神，一派信奉湿婆神，过去他们之间还因门户之见多年兵戎相见。如按衣着来分，又可分为天衣派和青衣派。所谓天衣派即为裸体派，全身一丝不挂,或最多用一条窄窄的布条遮住下身的敏感部位。天衣派苦行僧与崇拜湿婆神有关。湿婆神是破坏之神和创造之神,他总是裸着身体,表示追求原始状态,远离凡尘,与世无争;身上总是涂抹着灰烬,表示罪孽、死亡和再生。青衣派则穿衣服,一般都是黄色的棉布服,式样简单。苦行僧一般都居住在远离尘嚣的喜马拉雅山上,或寄居在某个庙里,吃斋念佛和修炼瑜伽。

苦行僧一般来说都是温顺平和的,远离尘世和是非。他们过去的武器有棍棒、长矛、佩剑和三角铁叉。现在苦行僧还携带着棍棒或三角铁叉,但仅仅是个象征,不再当做杀人武器了。

初入门道的苦行僧必须举行加入某一派的仪式,表示"过去种种譬如昨日死,未来种种譬如今日生",所谓的"生",是进入神圣的新生活。他们甚至还要像出家人一样剃度削发。一旦遁入空门,他们便忘掉过去,而且也不再提起过去的尘世生活。他们此后的年龄计算要从削发后的新生开始。按照行规,苦行僧必须做到"三不",即不性交、不撒谎、不杀生。

苦行僧之所以叫苦行僧,是因为他们视自己的身体为罪孽的载体,是臭皮囊,必先"苦其心志,劳其筋骨,饿其体肤,空乏其身",方能获得精神的自由和灵魂的解脱。[1]

所属派别不同,所崇拜的大神不同,苦行僧们额头上的提拉克形状也不同。苦行僧额头上的提拉克表示不同的种姓、身份、地位以及修炼程度。

苦行僧在苦修中所体现出来的意志与毅力,得到了许多印度人的崇敬。在印度教种姓制度下,人们认为,苦行僧也可以用坚韧的苦行方式,走出低下种姓,获得较高的社会地位。苦行僧的苦修方式、方法很多。有些苦行僧用面壁的方式站着修行,无论吃饭睡觉,都站着,从不躺下或坐下;有些苦行僧从不说话,他们用眼神和肢体来表达自己的意念,他们认为,只有眼神能传达心灵深处的意念。苦行僧们的生活特别简单,他们坚信,生活越简单,身心便越轻松。

---

①百度,印度吧.(转帖)江亚平.印度苦行僧揭秘.

9 神秘的"卍"字符(Swastika)

　　人类的历史文明造就了很多符号,这些符号各有深意,其复杂而又神秘的寓意值得人们去探究。"卍"(卐)字符就是其中一个,它出现在印度教中,出现在佛教中,又是法西斯纳粹的标志,在普通人的生活中,也可以看见它的身影。"卍"字符出现在这样一些不同的场合下,其象征意义确实值得探究。

　　东方国家的人对这个符号相当熟悉,印度人把它叫做斯瓦斯蒂卡;在中国,人们把它念做"万",也叫做"卍"字符;日本人叫曼记(man ji)。它随着佛教的传播而普及亚洲许多国家,因此许多人认为它来自于印度的佛教。在寺庙的建筑物上,绘上加了四个点的"卍"字符,象征着"风、调、雨、顺"四大天王;在普通人居住的建筑物上,绘上加了四个点的"卍"字符,则表示"富、禄、寿、喜"四大吉兆。

神秘的"卍"字符

几千年来,"卍"字符一直是吉祥之轮和神灵天佑的象征,也代表着生命与四季的交替。它代表的东西很多。

在印度教所有的符号和符号体系中,"卍"字符是最突出的可以看得见的符号。一般而言,用"卍"字符来象征太阳在天空中的运动。在印度梵文中,"Swastika"一词是由"Su"和"Asti"两字合成的,"Su"的意思是"好","Asti"的意思是"存在",合在一起意思为"吉祥幸运",所以"卍"字符在印度代表着吉祥、幸运。

自从人类文明之黎明到来以来,它就一直是个全球敬仰的吉祥的符号和标志。而且,"卍"和"卐"字符代表着不同的意思。"在耆那教中,它代表他们的第七位圣人,'卍'字符的四臂提醒信徒轮回中的四个再生之地:植物或动物、地狱、人间、天堂。印度认为,'卍'字符为善神象鼻天的象征符号,代表着阳性本原,代表着白天从东至西运行的太阳,是光明、生命、荣耀的标志;'卐'字符乃是女神时母的象征符号,代表着阴性本原,代表着黑夜从西至东运行的太阳,是黑暗、死亡、毁灭的象征。古印度的印度教和耆那教,都以'卍'(卐)字符为吉祥的标志,在门庭、供物和账本上经常出现其标志。"[1]

"卍"字符这个书写符号,在全世界几乎所有的古老和原始崇拜中都可以找得见。人们已经在印度哈拉帕(Harappan)文明、波斯的苏撒(Susa)、美索不达米亚的撒玛拉(Sammara)中找到了最古老的"卍"字符。这个符号也经常在希腊、塞浦路斯、古希腊克里特岛和罗德岛出现,是古希腊和古印度硬币中最常用的符号。从意大利南部挖掘的葬墓上也发现了刻上去的"卍"字符。在古希腊、古罗马的遗址上,早期基督教坟墓中都发现过它,甚至在古代墨西哥和秘鲁的历史遗迹上竟然也发现了这个符号。

佛教认为,"卍"字符是佛陀的 32 种大人相之一,在佛的胸前。有的经书中提到,在佛的头发、腰间,甚至手、足上都有这样的标记,所以佛教中的"卍"字代了佛陀。当然,相应地,它也被广泛运用到佛教仪式和庙宇的装

①庄春辉. 解读"卍"(卐) 字符及其不同变体的文化表征意义.http://www.fjdh.com/wumin/HTML/88571.html.

饰上。然而，"卍"字符却不是佛教特有的标志。

在印度，"卍"字符也是印度教和耆那教广泛使用的符号。古老的耆那教中，"卍"字符代表他们的第七位圣人，通常和手形结合，它的四臂提醒信徒轮回中的四个再生之地：天堂、人间、动植物、地狱。

"卍"字符的象征意义广泛而多样。《符号词典》的作者斯尔洛特认为，在铁器时代，"卍"字符代表最高神祇。马肯捷（Mackenzie）认为"卍"字符同农业和指南针的指针有关。玛齐（March）认为，"卍"字符是个特定符号，表示围绕轴心旋转。实际上有两种"卍"字符：一种四臂向左，另一种四臂向右。"卍"字符的形状被描绘为一个光焰四射的太阳轮。但最普遍的说法是，"卍"字符象征同样的运动和威力。另一学派认为，"卍"字符表示太阳运动的造型，同样运动时由于两极和四个方向的关系而被分为四个部分。还有人认为它是"神秘的中心"，表示宇宙本源的运动。

"卍"字符象征太阳崇拜，太阳崇拜也许是最古老的崇拜，太阳驱逐黑暗，给人类带来欢乐、光明和生命。许多挖掘出的印章证明，印度河谷文明的人信仰太阳崇拜，信仰与太阳有关的符号。

从雅利安时期开始，"卍"字符一直是个神圣的符号，印度人在大喜的日子如婚礼等场合都会使用。他们也喜欢把"卍"字符放在书或账本的首页、门口和祭品上，希望能带来神的保护和好运。印度教教徒把"卍"字符当做象头神迦内沙的象征来崇拜，因而在印度天文学中，"卍"字符的吉利形状表示太阳向南回归线的天体变化，被看做男性。《往世书》中说，住在代瓦窟塔山的蛇神的一百个触角上都有"卍"字符。"卍"字符是八种瑜伽坐之一。

至于"卍"字符的旋转方向，则众说纷纭。有人说右旋的"卍"字符代表父神的力量，而左旋的"卐"字符代表母神的力量；还有人认为右旋的"卍"字符代表生命的力量，而左旋的"卐"字符代表破坏和邪恶的力量等等。但是两种方向的"卍"字符在世界各地都是存在的，也不一定符合以上的解释。在印度古代文献中，四臂向右的"卐"字符和太阳有关，因此是毗湿奴的象征，是围绕固定中心转的表示宇宙所有权及进化的象征；四臂向左的

"卐"字符代表春夏两季的太阳,被视为女性和不吉祥。19世纪的学者泊得沃(Birdwood)认为,四臂向右的"卐"字符代表象头神迦内沙,四臂向左的"卐"字符代表女神迦利或夜晚和毁灭。

从印度河谷文明时期开始,"卐"字符神秘的象征意义就受到崇拜。直至今天,它一方面象征毗湿奴的轮宝,另一方面象征迦内沙甚至沙克蒂崇拜。同样,"卐"字符世世代代流传至今,在印度教教徒的精神和物质生活中无处不在,成为崇拜的主要对象。

如今,在印度以外的地方,对于"卐"字符的象征意义,人们也说法不一。有人说"卐"字符代表吉祥如意,有人认为它是佛教的标志,也有人将它与纳粹联想。据说,"卐"字符也是西藏原始信仰中的一项。同一个图形在东西方,却可能引起截然不同的反应。

在东方,大部分人会把它和宗教联想在一起,认为它是为了代表宗教而设计的简单符号而已,可能是佛法的象征或者代表永生;但是在西方,它却令人想起一段黑暗而残忍的历史,它代表的是德国纳粹。

对于以上这种观点,有人认为,纳粹标志和"卐"字符是有着明显差异的:希特勒有意地采用了相反的方向,立起来用,而且以黑色衬上鲜红的底色,隐含肃杀之气;而传统信仰中代表吉祥美好的"卐"字符多是明亮的色彩。而且,人们认为,根据"卐"字符的年代以及出现的地理位置来看,"卐"字符几乎是同时而普遍地出现在东方与西方,甚至出现在不同的陆块,而且意义和用法相当类似。它关联到人类文化中非常重要的共同之处。它出现在庙堂、神殿中,它出现在生命的诞生与死亡仪式中,它出现在人们对生活的憧憬和希望中,它似乎象征了人对生命永恒幸福的祈求,与信仰是分不开的。文物收藏家马洛菲利克斯先生认为:"卐字符代表了生命的四个重要时刻:出生、成熟、死亡、再生。上半部是人间,下半部代表灵界,是一种灵魂转生的观点,生命的不断循环。也可解释为一天的四个时刻:早上、中午、黄昏、午夜。"

在中国,"卐"字符在佛教传入之前就已经出现在中国古老的马家窑文化的彩陶和后来汉代通行的五铢钱币上。佛教传入中国后,唐代的武则天将"卐"字定名为"万",意思是"吉祥万德之所集"。中国人相信它能带来神佛的保佑，所以经常将它用于日常生活当中。这个传统在华人社会中一直保存至今。例如在台湾民间习俗中，当新生儿满月的时候，女方长辈会亲自在新生儿的衣服上绣上"卍"字符，以祝福宝宝得到神佛的保佑，平安长大。

10　神秘的圣石

————⊹⊹⊹⊹⊹⊹————

印度教崇拜某些石头为"圣石"，他们把圣石看做是尊贵的象征，看做是能够带来幸福和好运的吉祥的东西，对圣石进行虔诚的顶礼膜拜。圣石在印度教教徒心目中是神圣又神秘的。

10.1　化石鱼(Salagram Shila)
————灭绝了的动物软体化石

撒拉格拉模西拉(以下简称撒拉格拉模)，就是化石鱼，是一种灭绝了的动物软体化石，据说来源于毗湿奴身体的各部分，也代表着毗湿奴的一些主要化身。这种圣石主要在恒河支流甘达可河的河床上可以找见，在桑内河(Sone)上也有发现。

撒拉格拉模是云纹黑色，偶尔也会出现其他颜色的小石子，每个石子上都有小洞，石头表面有类似毗湿奴车轮的螺旋状沟槽。按照《宗教百科全书》的说法，这些撒拉格拉模是菊石的化石。

地质学家认为这些菊石化石一般归类于4.25亿年前的头足纲动物。最初，菊石化石形状简单，最早的化石有弯曲的壳，以后的化石变直或略弯。这些菊石化石还有许多小的分类，分布于很大的地质区域中。

按照宗教的观点，正如林迦与男性生殖器崇拜有关一样，撒拉格拉模有时代表约尼，即女性生殖器的象征。《宗教百科全书》上说："撒拉格拉模是神，土尔西树是女神，在印度一些地区土尔西每年都要嫁给撒拉格拉模。

另外,为了表明这种联姻,父亲要把撒拉格拉模石作为传家宝传给儿子,甚至洗过石头的水都很珍贵。"但撒拉格拉模石从来不传给女孩,如果没有儿子,就传给婆罗门祭司,也不许妇女崇拜撒拉格拉模。如果哪个品质良好、身份高贵的妇女在无意中碰了撒拉格拉模,她所积的所有德行将丧失殆尽,死后也会下地狱。但如果是一个男人,只要蘸一下洗过撒拉格拉模石子的水,他的罪孽就可以被洗掉。因此有人把撒拉格拉模石子比作人间天堂的神酒,一滴洗过撒拉格拉模石子的水抵得上所有在沐浴以及祭火之礼中积到的德行。

成千上万的印度教家庭供奉撒拉格拉模石子,不供奉撒拉格拉模石子,就不可能崇拜神。因此,印度教的礼仪和崇拜都是围绕着撒拉格拉模石子进行的。

从古至今,人们都有两种基本需求:精神需求和物质需求。凡是供奉撒拉格拉模石子的地方永远是人们的朝拜处。撒拉格拉模石子崇拜会使人们自动获得生命解放,是最纯洁而神圣的,它给人们提供精神需求。据说财富女神拉克西米的住处就有撒拉格拉模石子,给信徒赐给精神和物质两种恩惠。

不管撒拉格拉模石子在寺庙还是在家里,人们一般每天要拜两次,而且要和土尔西树一起拜。人们普遍相信,谁要是把撒拉格拉模石子和土尔西树分开,谁同样要遭受被分开的命运,每次转生都要和妻子分开。只要供奉,静思就能有成果,而撒拉格拉模石子的信徒每次敬拜都能得到成果。

撒拉格拉模石子的起源可以追溯到《往世书》时代。《往世书百科全书》上说,毗湿奴有三个妻子:萨拉斯瓦蒂、拉克西米和恒河女神。萨拉斯瓦蒂和拉克西米有一次吵得不可开交,互相诅咒。萨拉斯瓦蒂的诅咒是把拉克西米变成一棵土尔西树,迫使她永远生活在土里。毗湿奴干涉说:"拉克西米,你将作为一棵圣树生活在世界上,完成诅咒后你会回到我身边。到了那一天,甘达可河水将从你以土尔西树形体出现的身上流过。我将在河岸,仍然是个石头形象,将出现许多牙尖嘴利的虫子把石头咬成轮盘的形状,创造出无数的撒拉格拉模石子来。"

印度神秘符号

119

自从《往世书》时代以来,在每个虔诚的印度教家庭里,在所有社会宗教仪式上,都要崇拜撒拉格拉模石子。据说凡是崇拜上面刻着轮盘符号的撒拉格拉模石子的人,就用不着再转生。但信奉撒拉格拉模石子的信徒应该戒骄傲自大,应该宽以待人,而且任何信奉撒拉格拉模石子的人都不能贪色贪财。

　　有人统计过,有十九种撒拉格拉模石子:

　　上面有一个洞、一条花环一样的线,刻着四个轮盘,图案为云彩状的叫拉克西米那罗衍;与它相似但却没有花环痕迹的叫拉克西米加纳大那;上面有四个洞、四个轮盘,有小牛角刻痕的,叫拉祜纳塔;有两个轮子,云彩状颜色,既没有花环又没有洞的,叫瓦马纳;有花环的,叫斯瑞达那(Sridhara),据说谁要是拥有了它,谁就能兴旺发达;又大又圆,有两个突出的轮盘的,叫达摩达拉;圆而大小适中,有两个轮盘,像弓和箭袋的叫拉娜拉玛;大小一样,有七个轮盘和伞状痕迹的,叫拉贾拉杰斯瓦拉,据说谁要是有了这种石子,谁就可富可敌国;黑色,有十四个轮盘的石子,叫阿南他,有了它便可以达到终生目标,使人事事顺利、财源滚滚、心想事成,最后灵魂得救;大小一般,颜色模糊,状如车轮,有两个轮盘,有突出牛角状印记的石子叫玛度苏丹阿;如果只有一个轮盘,就叫速达萨那;如果也有一个轮盘但石头颜色不太亮,就叫干加达拉(Gangadhara);如果有两个轮盘,表面像匹马的,就叫哈亚格力瓦;有两个轮子,形状怪异的叫纳拉辛哈,谁要是有了它,就会达到自我克制;嘴宽,有两个轮盘、一个洞眼的石子叫拉克西米纳拉辛哈,谁有了它,全家人都会幸福如意;圆形,洞口有两个轮盘的石子叫瓦苏带瓦,它可以使信奉者满足所有愿望;有一个轮盘、一个洞,洞上有许多切口的石子叫普拉丢木讷;有两个面对面连在一起的轮盘,前小后大的石子叫三卡萨那;最后一种石子叫阿尼如大,黄色,圆形,表面光亮,谁有了它谁就可以幸福安康。

　　撒拉格拉模石子的魔力随着不同毗湿奴教派的崇拜而越来越大。随着时间的推移,对它的崇拜不仅仅限于婆罗门教教徒。有一位名叫来达司(Rai Das)的人大大改革了对它的崇拜。他做了个梦,受梦的启示专门建了一座撒拉格拉模石子庙,宣称自己是最高祭司。随着他的名声越来越大,他

印度神秘符号

激怒了婆罗门种姓,他们联合向国王告状,"一个制革匠控制了撒拉格拉模石子,用祭品毒害全城人,男男女女将被他拉拢过去,请把他赶走,便可保持您臣民的荣誉"。国王命人把来达司叫来,让他放弃圣石。来达司同意了,但要求允许他当着国王的面扔掉石头。原因是,他把石头给了婆罗门之后,石头会自己回来,婆罗门会告他偷了石头,国王同意了。圣石被送到宫廷,放在国王面前的垫子上,婆罗门想搬走石头,但搬不动。他们于是唱圣歌,念《吠陀经》,但石头丝毫未被搬动。来达司对着石头念他的特殊咒语:"神啊神,你是我的保护神,天下无双,我拜倒在你的脚下⋯⋯"还没有等他唱完,石头连同垫子飞到他怀里。国王为他的圣性大为叹服,于是命令婆罗门不要再反对他。从此以后,非婆罗门种姓的人可以不怕高种姓的反对而信奉撒拉格拉模石子。

毗湿奴教派就靠这个崇拜而兴旺发达。这种圣石不仅是精神的象征,它还显示了神秘性和凝聚力,包含着人们的信仰。

10.2　印度人的圣石
——虎眼石(Tiger's eye)

虎眼石,或称"虎睛石",是一种具有猫眼效果的宝石,多呈黄棕色,宝石内带有仿丝质的光纹。

金黄色的虎眼石被印度人视为尊贵象征的圣石,因含有许多平行排列的青石棉内包物,会反应光线,闪闪生动,犹如老虎的眼睛一般,因此得名。一般为黑黄相间的色调,像老虎的纹路。

据说,虎眼石的神秘之处在于它能发挥如王者的力量,能够使佩戴者变得有信心、有勇气去实现自己的理想和完成未完成的计划;甚至可以帮助佩戴者作出明确、果决的判断与行动,且使其做事能贯彻始终,做人能坚守原则;可以辟邪;能够给佩戴者带来意想不到的财富;也可以增强佩戴者的体质,使其充满活力,勇于接受挑战、克服困难等。相对来说,它比较适合体弱多病或刚痊愈的人佩戴。

还有一种虎眼石较为独特,称为蓝虎眼石。传说它有很独特的功能,就是可以加快事物的形成。另外,以打磨成球形的蓝虎眼石来静坐,静思自己的心愿,是对蓝虎眼石最佳的使用方法。

11　神圣的法螺

法螺,在梵文中念"sankha",也可以译为"海螺"。

神圣的法螺

法螺本来是一种软体动物,又名角螺,主要生活在印度洋、新西兰、菲律宾及日本等地。它是个大型个体,为圆锥形或喇叭形,后端比较尖细,贝壳表面很光亮,里面是橘红色;很大,磨去壳顶,吹的话就可以发出声音,可以当做号角来用,古代的一些部族和军队都用它来作为号角。古时候,僧道们用它来作为布道昭示的法器,故名法螺。

作为一种乐器,汉语中将海螺也叫做"法螺",流行于各佛教寺院和全国各地。其历史悠久,自古就是藏传佛教常用的法器之一。起初出现在印度、东南亚诸国,后来随佛教传入中国。

人们常说的"法螺"是指宗教仪式中所使用的法器之一。手持法螺,意味着可以召唤来神的明示。印度教三大主神之一的保护之神毗湿奴,其形象就是手持法螺、光环、棍棒和莲花。

虽然神话已逝,但法螺却仍然被保留着。它象征着广袤无垠的宇宙空间,而宇宙的特性就是声音;而且,它象征着一种形状、形象和韵律,并且演变成一种复杂、综合的形象,而这种形象的神性显示可以追溯到吠陀时代。

从神话角度来说,法螺主要分为三大类:第一种是瓦马瓦塔(Vamavarta,它是左边开口,有自左向右旋转的螺纹)或者也叫乌塔姆克(Uttar Mukhi);第二种是西木刻(Dakshinmukhi,它是右边开口,属于右旋海螺);最后一种叫迦内沙海螺。最普通常见的是第一种,后两种的数量相对较少。然而,迦内沙海螺以它独特的表里如一的朱红色皮肤以及它的短尾巴而与众不同。法螺洁白细腻,常用极为罕见的右旋海螺做成。

根据《往世书》里所讲,西木刻海螺是毗湿奴的法器,因此,这个海螺常常象征着宇宙的维护者和保护者,而这也正是印度教三大主神之一毗湿奴的身份象征——保护之神。西木刻海螺也有着与法论截然不同的意义。从艺术学和美学的角度来说,法螺也象征着毗湿奴神自己。从古时候的雕塑上,我们可以验证这一点,我们发现毗湿奴用他的一只手很优雅地举着一个法螺。

从古代的雕塑中我们也发现,西木刻海螺分为两种,一种是雄性或称为原人(Purusa);另一种是雌性或称为三基尼(Sankhini)。它们的主要区别在于各自具有独特的变化,比起出色的三基尼,原人有着更厚的壳。

从结构上来说,古代印度社会对人有种姓之分,梵语称为瓦尔那(Varnas)。同种姓的划分一样,法螺也被划分成了四类:表面光滑漂亮、颜色纯白的法螺被叫做婆罗门或再生者;表面稍微粗糙些、颜色呈微红或棕色的法螺被叫做刹帝利(武士阶层);表面一般光滑且颜色呈淡黄色的法螺被叫做吠舍(商业阶层);最后一种是表面晦暗且呈深灰色的法螺,被叫做首陀罗。

印度教圣典如《罗摩衍那》、《摩诃婆罗多》和《往世书》都曾经颂扬过法螺,说法螺能够装入人们心中的抱负和崇拜里的灵气。法螺是毗湿奴教派象征中基本的、永恒的、不可缺少的一部分。

在传奇故事"搅乳海"中,我们可以看到,法螺已经被使用而且渐渐成为一种象征恩惠的物体。印度教神话中财富之神俱毗罗,据说他拥有八件极为吉利的珠宝,其中之一就是三基尼。从崇拜蛇的角度来说,法螺被看做是山丘之蛇神之一。

法螺除了作为一种精神上的象征物之外,同时,在古代的战场上,它也扮演着极其重要的角色,被看做是权威的象征。在史诗时代,法螺被看做是战争中不可缺少的一部分,在太阳升起时吹法螺意味着战争即将开始;相反地,在黄昏时吹法螺则象征着要将军队撤回营地休息。在古时候,法螺也常常意味着胜利的信息。除此之外,在各种宗教礼仪中,法螺都承担着一个非常重要的角色。

在《摩诃婆罗多》中我们可以找到这样的记载,不同的神所持的法螺或海螺壳有着不同的名字。克里希纳神的法螺叫做毗湿奴法螺;阿周那的神圣海螺叫做阿周那法螺;坚战神和布军神所拥有的神圣海螺分别叫做坚战和布军法螺;无种法螺是无种神所持的法螺;而谐天神所持的海螺叫做谐天法螺。

法螺所发出的各种声音,均有着不同的声调、节奏及节拍,每一种均表示着某一种特殊的含义。吹奏法螺一般有两种方法:第一种叫做达马纳(dhamana),即直接将法螺上的孔或钻了孔的那一端放到嘴唇上来吹;第二种通常叫做普拉纳(purana),是将钻了孔的那一端和一个装饰好的黄铜管子连接起来吹。

佛经上讲佛陀说法时声音洪亮,有如大海螺的声音响彻四方,所以人们要描述其说法之妙音,就用它来作比喻,代表法音。而且,当神秘的海螺被吹响,只要是听到法螺的声音,众生就可以消除罪障,进入极乐世界,而人们会变得更加虔诚。

吹法螺是印度教教徒生活中必不可少的一部分,也是印度教家庭独特的习俗之一。特别是在婆罗门家庭中,每天吹三次法螺或者是在太阳神经文的伴奏下吹、唱三个主祷文。寺庙,在进行名为尼提亚菩迦(Nitya puja,白天做礼拜时进行的仪式)的礼拜时,会在其他乐器如坎萨尔(Kansar)的伴奏下吹法螺。

据说,法螺的声音能够产生一种振动频率,这种频率能使动物产生不安情绪或产生不稳定的莫名其妙的感觉。所以,一旦法螺被吹响,没有哪一种致命的动物,如蛇,能够靠近朝拜的地方,人们可以安全地集中精力向神表达虔诚之心;也有人认为法螺的声音可以驱走邪恶。因为这些原因,如今,在印度东部,地震或自然灾害期间吹法螺仍然是一种习俗,象征的是对宇宙保护之神毗湿奴的召唤,召唤他来将蛇等动物从自己家里赶走。

法螺具有很大的药用价值,准确奇妙的配方可以缓解很多病痛。

作为一种吉利的象征,法螺只出现在各种各样的仪式典礼上,如新年、生日宴会、婚礼庆典以及葬礼上。它从来没有被贴上精神崇拜的标签。在古老的过去,住在奥里萨邦的萨达巴(Sadhaba)人有一种习俗,当亲人们要出海时,人们会吹法螺来为亲人送行。在 10 月到 11 月期间,泰米尔纳度邦坦贾武尔(Tanjavur)区的人们会庆祝出海仪式(Samkabhisekam)。在这个时候,1008 个法螺会被拿出来排成一列,所有法螺壳内都装满了水,集中到庙前。人们认为壳内的水是神圣不可冒犯的,因为在壳内居住的是神。

在孟加拉的杜尔迦节(印度教最大的宗教节日之一)上,装满水的法螺是拜神不可缺少的一部分。

法螺是印度人精神追求的体现,也是信奉印度教的人们社会文化思潮的体现,已经成为被赋予权威和精神的音调。除此之外,法螺也是印度审美学的一部分,正如我们从古代的雕刻家和艺术家那里寻找到的一样,他们在石头雕刻品中将法螺塑造成了一个永久的符号。

有人说,用海螺能够听到大海的声音,对于这种说法,科学的解释是:贝壳的结构使海螺依靠共振原理,放大了环境中某些特定频率的声音,如人体血液流动的声音,所以当人把贝壳放在耳边,听到的多半是来自自己内心深处血液沸腾的声音。

另外,有意思的是,在现代社会,人们将某人说大话比喻为"吹法螺";而按照佛家的说法,"吹法螺"是有典故的。

话说很久很久以前,在一个从来没有法螺的城市,有一天,来了个会吹法螺的人。他吹了各种声音给大家听,大家听了都非常惊奇地说:"你的声音怎么那样好听?"吹法螺的人连忙否认:"不,那不是我的声音,是法螺的声音。"听到他如此说,大家都表现出不相信的样子,走上前用手边摸法螺,边叫它赶快出声。法螺怎么会自己发出声音,天下哪有这种道理?吹法螺的人看到大家并没有明白自己的意思,就又拿起法螺吹了三下,然后开始给他们解释道:"我说法螺会出声,并不是它自然会出声,而是因为我吹它,它才能发出声音。如果我们用心的话,不能动的也会使它动起来;如果不用心,能动的也会停止。就好像这个法螺一样,只要你吹它,它就会发出声音来;假若不吹,它也就一声不响了。"这个故事告诉世人,所有事情的成功与否,都必定有合乎它的条件,但无论做什么事情,要想成功,一定要先用心才行。

12　圣水、圣城和圣山

　　印度教崇拜世间万物，山山水水，均可以是他们心目中的圣物和圣地，均是值得他们崇拜和敬仰之物。

12.1　圣水

　　在印度教教徒的生活习惯中，河流显得最神圣，印度教教徒称河流为"圣河"，称河水为"圣水"。印度教向来对圣水有着特殊的崇拜情结。

恒河圣水天上来

出处：百度百科.baike.baidu.com/view/38005.htm

作为一个虔诚的印度教教徒,在进行宗教仪式时,应该在每个祭拜动作或阶段进行完成后,用手蘸水表示象征性的沐浴,还要啜饮,表示专心虔诚,因而水是宗教仪式中最基本的东西。而且,印度教教徒更把到恒河饮圣水、洗圣浴视为人生三大夙愿之一。

最有名的圣河有恒河、亚穆纳河、萨拉斯瓦蒂河和那尔马达河(Narmada)。

印度曾经创造了人类历史上著名的"恒河文明"。恒河这条世界名川,被印度人民尊称为"圣河"和"印度的母亲",它是印度、孟加拉国的精魂所在。众多的神话故事和宗教传说构成了恒河两岸独特的风土人情。

传说,恒河自天上来。当时众神和群魔达成临时协议,双方合力取得银河系中的长生不老仙露后平分。然而当盛有仙露的大壶出现时,群魔却抢走大壶并逃之夭夭,众神穷追不舍。他们为争夺仙露壶在空中混战了整整12天12夜(相当于人间12年)。据说在战斗中仙露撒落到了四个地方:阿拉哈巴德、哈里瓦、乌贾因和纳锡。因此,圣水沐浴节也就在这四个地方举行。

印度教视恒河为圣河,将恒河看做是女神的化身。主要原因是另一个传说,古时候,恒河水流湍急、汹涌澎湃,经常泛滥成灾,毁灭良田,残害生灵。有个国王为了洗刷先辈的罪孽,请求天上的女神帮助驯服恒河,为人类造福。湿婆神来到喜马拉雅山下,散开头发,让汹涌的河水从自己头上缓缓流过,灌溉两岸的田野,两岸的居民得以安居乐业。从此,印度教便将恒河奉若神明,敬奉湿婆神和洗圣水澡成为印度教教徒的两大宗教活动。

恒河被描绘为美丽的少女。她一只手举莲花,象征她的温柔沉静;另一只手举着装满圣水的罐子,在印度,每个印度教教徒家里或神龛里都有这种装恒河圣水的罐子。著名的中国僧人玄奘曾描写过恒河的神秘性:"恒河宽三四里,流向东南,河口宽达十里。各河段水色各不相同,掀起的浪亦不同。河里有许多大生物,但不伤人。河水清甜宜人,水流之声汩汩动听。文献称之为'福水',在河中沐浴可消除罪孽,跳河而死可在天堂幸福转生,如将死者骨灰倒入河中,灵魂便可得救。"

还有个故事能说明圣水的巨大象征意义。据说,当成千上万的巨人想阻拦太阳神的马车并恨不得把太阳神生吞活剥时，众神和圣人同时献上圣水，反复唱圣歌，这些圣水和圣歌就像万霆雷钧炸到魔鬼头上，把他们烧死了。因而婆罗门教教徒们就学神的样子，清晨、午饭前和黄昏时都会献水。

人们把恒河与喜马拉雅山相媲美。在恒河与亚穆纳河沿岸，有无数庙宇，庙里供奉着恒河与亚穆纳河女神像。拉达和克里希纳的浪漫故事就发生在马图拉的亚穆纳河岸边。在声音和话语方面，萨拉斯瓦蒂河女神通常被视为与吠陀女神瓦查(Vach)等同，她也被人们看做是歌曲和智慧的保护者而加以崇拜。

虔诚的信徒们对恒河水的神秘魔力深信不疑。传说在恒河中沐浴，甚至只要将三滴恒河水洒在人的头上，他就会从以往的罪孽中解脱出来。人们是如此地深信恒河可以洗去灵魂的污秽，认为只要记住恒河这个名字，就会因此而得到好处，很容易地在天堂中得到一个位置。

曾有题为"印度圣水沐浴节，上百万人沐浴恒河"的消息里写道："成千上万名朝圣者冒着严寒和大雾，聚集在印度教圣地阿拉哈巴得市的恒河畔，在接近零度的圣水中沐浴。"由此可见圣水沐浴在印度教教徒心目中的地位，以及他们对圣水的崇拜，这便是恒河的魅力，因而受到人们的顶礼膜拜。印度教教徒十二年一度的盛大节日"宫巴库会"，即"恒河圣水沐浴节"，又称为大壶节，已经有几千多年的历史。在沐浴节上，成千上万虔诚的朝圣者聚集在恒河河畔，他们的目的只有一个，就是在圣洁的恒河水中沐浴，以洗去身体的污秽，并净化精神和灵魂。

恒河、亚穆纳河、萨拉斯瓦蒂河的汇合处是个地下通道，就在阿拉哈巴得，是圣河中最神圣的地方之一。

恒河被看做是最伟大的宗教河，多少年来，在印度人的精神生活中起着举足轻重的作用。可以说，了解了恒河就了解了印度和她的人民。恒河是强大、自豪而骄傲的，也是谦逊、安详和坚定的，她总在不断变化却又保持着原貌。河水静静地流淌，给人们带来了神话传说，同时也净化了人们的生活。

12.2　圣城中的圣城

　　提到圣河,就不得不提到圣河边上的圣城——瓦腊纳西。瓦腊纳西是印度教的圣城,原来也叫做贝纳勒斯,也曾被称为"迦尸",意思是"神光照耀之地"。在印度教教徒眼中,它是"圣城中的圣城",因为瓦腊纳西的建立本身就有神话传说的色彩,再加上它紧靠着圣河恒河,这也为之增添了不少神圣的色彩。

　　这座古城曾是古代著名的宗教文化中心,是名僧学者荟萃之地。中国晋代高僧法显和唐代名僧玄奘都到过这里。

　　印度教教徒认为人生有四大乐趣:饮用恒河水,敬奉湿婆神,居住瓦腊纳西,结交圣人。所以身为瓦腊纳西的居民的印度教教徒是很自豪的,而那些不在瓦腊纳西居住的外地来的印度教教徒,就无此福气。一般的印度教教徒,他们毕生最大的愿望是:到恒河中沐浴,用圣水洗净自己生命中所有的罪孽,从而能够获得神的恩赐;死后,希望能在这里火化并将自己的骨灰撒到恒河之中,这样,灵魂就能升入天堂。还有一些虔诚的教徒专门选择到这里来结束自己的生命,让恒河的圣水把他们带入下一个轮回。因此,瓦腊纳西既是"圣城中的圣城",也是一座独特的火葬场。

圣城瓦腊纳西

出处:http://www.pocketgo.com.cn/landscape/display.php?id=6914

瓦腊纳西在印度人心目中的地位自古就特殊而显赫,非同一般,它折射出的是印度文明和深厚的文化底蕴。城内有很多庙宇,历史悠久,建筑讲究,反映了印度灿烂迷人的文化。大多数的庙宇是印度教庙宇,也有一些其他教派的神庙。在瓦腊纳西的印度教寺庙中,最著名的当推金庙。此庙坐落在市中心,祀奉的是湿婆,庙宇塔楼高耸,显出一派庄严富丽的气象;另一座闻名的庙宇祀奉的是难近母女神,她是湿婆妻子帕尔瓦蒂的化身,狰狞可怕,十只手中各执一件武器。每天,庙宇里的香火都很兴旺,信徒们来来往往,络绎不绝。

在瓦腊纳西,供奉林迦和在恒河沐浴被认为是最神圣的事情。林迦随处可见,除了印度教的神庙里供奉林迦外,恒河河岸附近的街头巷尾,到处都有大小不一的象征大神湿婆的林迦,信徒们对它们非常崇拜。敬拜时,信徒们会给它们洒香水、供奉祭品、戴花环等。

12.3 圣山

印度教教徒除了到恒河和瓦腊纳西去朝拜圣水和圣城外,还会去朝拜圣山。印度教、耆那教和佛教共同信仰的"世界中心"是位于中国西藏阿里的冈仁波钦峰,所以那里是信徒们心目中的"圣山",朝拜圣山也是虔诚的印度教教徒人生中极为重要的事情。

"冈仁波钦"在藏语中的意思为"雪山之宝"、"雪圣"或"神灵之山";在梵文里的意思是"湿婆的天堂"。它就是传说中印度教大神湿婆和妻子雪山女神帕尔瓦蒂修炼的地方。据印度教神话中说,当初,湿婆并不喜欢也不理睬帕尔瓦蒂,但帕尔瓦蒂却迷上了湿婆,她为了感动湿婆、得到湿婆的爱,就是在这里陪伴湿婆苦修,打动了湿婆,湿婆最终娶她为妻子,两人从此恩恩爱爱,幸福地生活在一起。因此,虔诚的教徒们便开始崇拜此山,以求得到幸福和保佑。

另外,据说佛教中著名的须弥山就指的是冈仁波钦峰。

冈仁波钦峰也被人们称作"文化之山"和"信仰之山",它是数千年间青藏高原、南亚次大陆不断积累的文化的集中体现。

印度人称这座山为凯莱石山(Kailash)，而且印度教教徒对此山尤为崇拜，因为在他们看来，他们所崇拜的大神湿婆就住在这里，而且，他们的圣河恒河的上游也在此发源。所以，此山的神圣是不言而喻的，是必须要朝拜的。

据神话传说中讲，马年是冈仁波钦峰的本命年，因此，每到马年，朝圣者更是络绎不绝、蜂拥而至。

对圣山朝拜的主要方式是转山。一般是先转外圈13圈，然后才能转内圈。外圈是以冈底斯山为核心的大环山线路，徒步转完全程需要花3天的时间，磕长头则需15天~20天；内圈是绕山南侧的因揭陀山的小环山路线。也有人说，朝圣者来此转山一圈，可洗尽一生罪孽；转山十圈可在五百轮回中免下地狱之苦；转山百圈可在今生成佛升天。平日里，山顶常常是白云缭绕，据说，如果信徒们在转山的时候看见了山顶，那将是非常幸运和吉祥的事情。

另外，在圣山脚下还有一处"圣湖"，传说是由某个神以自己的意念形成的，神圣无比。所以，到这里朝拜的信徒都会到湖里去沐浴，祈求得到神的保佑和祝福。

13 姓名中的符号

印度人的姓名和中国人的姓名不同，主要表现在姓名的长度和次序上，比起中国人的姓名，他们的姓名长些，而且，最主要的是，印度人的名在前，姓在后。

先从起名说起，印度教教徒起名很讲究，得举行一个专门的"命名礼"。印度教有很多宗教仪式，一般来说，从整体上可以分为家庭祭和天启祭两大类。其中，"命名礼"就是家庭祭中很重要的一个仪式。具体是：在婴儿出生后，父母经过仔细推敲、斟酌，会给婴儿起一个美好、吉祥、动听的名字。名字起好后，父母将在孩子出生后第十天举行命名仪式。举行仪式前，要把房间打扫得干干净净，母亲和婴儿也要沐浴洁身。在仪式当天，一定要请婆罗门祭司来主持仪式。举行完宗教仪式后，婴儿的母亲用洁净的布将婴儿包好，交给婴儿的父亲。父亲将婴儿贴在胸前，告诉孩子，父亲在给他起名。母亲则向着太阳祈祷。然后父亲附在婴儿的耳朵边说："你是神的信徒，你的名字是……"这时，在场的祭司和亲友则会说："这是一个美丽的名字。"之后祭司为婴儿祝福。据说，在此期间，婴儿的父母要给担任祭司的婆罗门弟子们施舍物品，而且施舍得越多，孩子将来就会越幸福。最后，婴儿的父母招待祭司和亲友吃过饭后，众人才散去。

总体来说，"印度人名，各地有不同的组成规律，例如西印度，一般先说本人名，再说父亲名，最后才是姓。我们熟悉的圣雄甘地就是一例，其全名为'摩罕达斯·喀兰姆卡德·甘地'，'摩罕达斯'是本人名，'喀兰姆卡德'为其父名，'甘地'是姓。南印度是另一种情况，往往把村名同姓名连在一起，

印度神秘符号

冠在人名之前,从他的名字便可知道他是哪里的人"。①

印度是个多民族多宗教的国家,各个教派教徒的名字各有特点。

首先来看看印度教教徒的名字。我们知道,印度教分为四大种姓,所以,印度教教徒的名字也因种姓等级不同而不同。可以说,印度教教徒的名字也是表示地位高低的符号。一般情况下,不同种姓的人姓前加一个字,以表示种姓的不同。"属婆罗门种姓的人要加夏尔马(Sharma)等;刹帝利种姓的加一个拉尔玛(Rarma)等;吠舍种姓的加一个古普塔(Gupta)等;首陀罗加一个达沙(Dasa)等。"②当然,这种习惯并不是一成不变的,有时候加在首陀罗姓前的字婆罗门种姓的人也会使用。另外,一些大家都很熟悉与尊敬的人,人们更习惯于在他的名字前加其他称呼,以表示尊敬,而不呼其本名。如:称甘地为"圣雄",称泰戈尔为"诗圣"等。

值得一提的还有锡克教教徒的名字,比较有特点。大多数男性锡克教教徒的名字后面都加"辛格"两字,辛格的意思是"狮子",象征勇猛;女子名字后面加"考尔",意思是"公主"或"美丽"。

印度教教徒起名也很讲究,这种讲究还是和宗教思想有关,尤其是和印度教平日里崇拜的事物有关。主要有以下几种情况:

一、以神的名字起名

印度教教徒的生活是和神分不开的,人们天天与神为伴,事事与神有关。所以,以神名起的名字,就相当于天天在呼唤着神,结果肯定能引来神灵,赐予他们福祉。如:因陀罗(印度神话中的天帝,是众神之首、万神之王,同时也是雷电之神)、杜尔迦(难近母,又名乌玛,是战斗女神)等。

另外,印度佛教教徒的起名特点也值得一提。信仰佛教的人大多以佛陀的名字起名,以表示自己的虔诚。佛陀的本名叫做"乔达摩·悉达多",因此,很多佛教教徒便取名为乔达摩、悉达多。

---

①王树英. 印度文化与民俗. 北京:中国科学出版社,1989:77.

②同上,第78页。

二、以动物的名称起名

这还是和印度教教徒的崇拜有关,印度教崇拜的动物实在是太多了。前面说过,印度教教徒们之所以崇拜动物,原因可能是敬畏大于喜爱,所以,在他们看来,以动物起名,能够给他们带来力量或勇气。如:一些"不可接触者"(被排除在印度四大种姓之外的"贱民")就会以动物名称来取名,希望能够给自己带来力量和福气。

三、以植物的名称起名

印度教教徒们也崇拜各种植物,比如莲花以及一些树的花等,因此,他们尤其喜欢以花的名字来取名。除了神圣的宗教意义外,当然也含漂亮、美丽之意。如:直接取名"荷花"。

四、以圣地的名称取名

为表示自己信仰的虔诚,有些印度教教徒会把圣河的名字作为自己的名字,以女性居多。如:恒河(印度的圣河)等。还有一些人,直接以圣城的名字起名,如:贝纳勒斯(瓦腊纳西,在印度教教徒心目中是"圣城中的圣城")。

五、以其他物体的名称起名

印度人热爱大自然,热爱世间万物,因此,以自己所热爱的万物的名称来起名,必定能够带来吉祥、福运和快乐。他们以山起名,以太阳、月亮起名,以季节起名,以一切美好的事物起名,以求得到福祉和恩赐。

除了复杂的姓名外,印度人对称呼也很讲究,也比较复杂。一般来说,称呼印度男人,只称呼其姓,不称呼名;对妇女则刚好相反,只称呼其名,不称呼姓。因为在过去,女子结婚后一般都会随丈夫姓,当然现在情况变了,有些女子结婚后仍然可以保留自己原来的姓。还有值得一提的是,印度夫妻之间是不可以相互直呼其名的,这也是一种宗教信仰,是绝对严肃的事情。

常见的称呼语主要有以下几种:"(1)萨哈布或萨黑巴,是对男女不同的尊称,原为印度对欧洲人的称呼,有'先生'的意思,现在无论对长者,或对平辈朋友,凡表示尊重皆可用之;(2)古鲁,即老师,除此之外,在实际生活中这一称呼也含有长者、祖师和宗教头人的意思;(3)古鲁戴沃,在'古鲁'一词之后再加'戴沃',即神,两者合在一起,有主教、神父的意思,要比单用古鲁表示更为尊敬,例如人们也曾称过泰戈尔为'古鲁戴沃',意思为'师尊';(4)巴布,有'老爷'、'先生'等意,一般用于长者,但有的地方又有'主人'的意思,仆人称主人为巴布,有时意思也同'古鲁';(5)夏斯德里,一般对有学问者的称呼,有'大学者'的意思;(6)潘迪特,也是印度教中对有学问者的称呼,通常只用于婆罗门种姓;(7)歇里,也是一种尊称,多用于印度教教徒,意思与'潘迪特'大体相同;(8)吉,用于有些称呼后面,例如比达吉(父亲)、妈达吉(母亲)、古鲁吉(老师)等等,表示对长者更加尊重和亲密。"①

现在,印度渐渐地走向世界,印度人也受到了西方思想的影响,因此,他们在称呼方面也有所变化,相比过去来说,宗教意味变淡了。在印度一些城市里,人们也会用英文来称呼,如:Sir,Madam 等,但通常都是尊称,表示敬意,是相对来说较为严肃的称呼;而在平辈、朋友之间,尤其是夫妻之间,有时会用"巴侬–巴侬"(Bhai-Bhai,印地语,意思是兄弟)相称,显得亲切,是内心真实情感的表达。

①王树英. 印度文化与民俗. 北京:中国社会科学出版社,1989:80–81.

14　礼仪与禁忌

印度是文明古国,又是宗教盛行的国度,因此,其待人接物的讲究、普通生活上的一些礼仪以及禁忌也就相当多,其中有很多礼仪和禁忌是值得印度之外的人注意的。而且,从一些礼仪中,也可以看出印度人对等级、地位、身份的关注程度。

14.1　礼仪

一、合十礼

合十礼,是现在流行于泰国、缅甸、老挝、柬埔寨、尼泊尔等佛教国家的见面礼。合十礼是源自印度本土的,最初仅为佛教教徒之间的拜礼,后来逐渐发展成全民性的见面礼。

在印度,"那摩斯咖"(Namaskar)是伴随着合十礼最常用的问候语。"那摩斯咖"和合十礼是印度人生活中的象征性礼节,在见到熟人、客人,或与人告别时,印度人总免不了面带微笑地说一句"那摩斯咖",意思是"向您点头",现在表示问好或祝福。

合十礼的一般行礼姿势是双手合十于胸前,或举手示意。双掌合十表示的是展示出人类最真实的面目,而双掌合十举于胸前行礼则象征着向对方表示最大的虔诚和尊敬。两手空着时,则合十问候;若一手持物,则举右手施礼,切不可举左手。因为,在印度人看来,左手是不净之手,承担着的是罪孽,忌用左手与人握手或打招呼等。

合十的高低也有讲究。对长者宜高,两手至少与前额相平;对晚辈宜低,可齐于胸口;对平辈宜平,双手位于胸口和下颌之间。另外,印度人在双手合十时,总是把双手举到脸部前才算合十。这种招呼,显得比握手高尚、文雅,令人有一种"仙风道骨"之感。

一般来说,合十礼有六种行礼方式:第一种方式为匍匐状(Ashtangana),身体的八处接触地面。这八处为:双膝、肚子、胸部、下巴、鼻子、太阳穴、双手及双肘。第二种也是最普遍的一种行礼称为莎丝塔加(Shastanga):身体的六部分即双膝、双脚趾、双手、太阳穴、鼻子、下巴挨地,通常用于神圣力量。第三种为盘长加(Panchanga):身体上部五部分即前额、太阳穴、胸、下巴、双膝挨地。第四种叫单大瓦塔(Dandavata):双手拄地,前额挨地。第五种是双手合十,挨前额,拇指接触几次前额,为表示尊敬可接触双眉间"第三只眼"处。第六种叫阿比南丹(Abhinandan):双手合十挨在胸前,身子向前微倾。

另外,合十礼也可以按照以下方式分类:

跪合十:各国佛教教徒拜佛祖或高僧时要行的一种礼节。

蹲合十:某些国家的人在拜见父母或师长时要行的一种礼节。

站合十:某些国家的平民之间、平级官员之间相拜,或公务人员拜见长官时常用的一种礼节。

19世纪的一位印度学家说:"在孟加拉,如果相同地位或种姓的妇女相遇,可以把两手举向头顶,表示行礼;如果身份不同,身份低的则需要低头,把脚上的尘土擦到前额上。"这样做的象征意义是:高种姓人的生活受低种姓人羡慕,因而会跟随高种姓人的步伐。

现在,城市中男女见面已多实行握手,表示亲热时还要拥抱。在大多数地方,男人相见或分别时,握手较普遍。男人不要和印度妇女握手,应双手合十,轻轻鞠躬。男人不要碰女人,即使在公共场合也不要和女人单独说话。妇女很少在公共场所露面。

二、拥抱礼

拥抱是较常见之礼。如果是久别重逢,或将远行,或有大事发生等,则要拥抱,表示亲热或给予对方祝福及表示珍重之意。

拥抱的方式一般是:彼此将双手搭在肩上,先是把头偏向左边,胸膛紧贴一下,然后把头偏向右边,再把胸紧贴一下;有时,彼此用手抚背并紧抱,以示特别亲热。

三、触脚礼

触脚礼,也称为"摸足礼"。这也是印度人常见的一种问候方式,尤其是在印度人见到自己最敬重的人时则要行触脚礼。触脚礼属于行大礼,这是表示对尊敬长者的最高礼节。

在很重要的场合,对于特别尊敬的长者用额头触其脚,吻其足,或摸其足。现在的触脚礼已经不再是严格意义上的"触脚礼"了,只是一个象征性的礼节,一般的行礼姿势是:先屈身下蹲,伸手摸一下长者的脚,然后再用手摸一下自己的额头,以示头脚已碰。

另外,在一些很严肃和郑重的场合下,如果是第一次见到长辈,或久别重逢,或要出远门时,也会行触脚礼;在印度教婚礼上,新娘新郎也要向长辈行触脚礼,同时接受长辈的祝福。

四、献花环

在印度,迎接嘉宾时往往要向对方敬献用鲜花编织而成的花环,主人要将花环戴到客人的脖子上。

花环的大小长度视客人的身份而定,献给贵宾的花环既粗又长,而且,客人越高贵,所串的花环也越粗越长,会超过膝盖。给一般客人的花环仅到胸前。

五、点吉祥痣

点吉祥痣也是印度人欢迎宾客的礼数。每逢喜庆节日,印度人爱用朱砂在前额两眉中间涂上一个圆点。他们认为,吉祥痣可以驱邪避灾。有时,印度人为了表示隆重欢迎,不仅向宾客献上花环,而且还给客人点上吉祥痣。在姑娘出嫁之前,父母要选吉日,请僧侣专门给姑娘点吉祥痣,祝愿她终身幸福。现在,吉祥痣实际上也成为印度妇女日常打扮和美容的一个组成部分。(具体内容可阅读本书"8.1 吉祥痣")

14.2 送礼

印度人拜访亲友时,送的礼物一般是一份糖果、一束鲜花或是主人可能会喜欢的东西。因为印度人爱吃甜食,所以送糖果的居多。送的糖果有的是从商店中购买的,有的是自家做的。

14.3 禁忌

另外,印度人的生活中还有很多禁忌,这些禁忌里透着很深的宗教色彩和文化习俗,值得我们了解。

印度的禁忌很多,很复杂,处处透着神秘,而且,宗教信仰不同,所处地区不同,禁忌也会有所差异。

在印度,普遍性的禁忌有:

睡觉时,不能头朝北,脚朝南,据说阎罗王住在南方。

晚上忌说蛇。

节日或者喜庆的日子里忌烙饼。

婴儿忌照镜子,否则会变成哑巴。

父亲在世时,儿子忌缠白头巾、剃头。

1、3、7 三个数字,均被他们视为不吉利。

3 和 13 是忌数,因为湿婆神有 3 只眼睛,"第三只眼"是毁灭性的;13是因为人死后有 13 天丧期。

妇女在怀孕期间,忌做衣服、照相。

忌用左手递接东西。

印度人认为左手承担着罪孽,所以不可用左手与他们握手。

忌讳白色,忌讳弯月图形,忌讳送人百合花。

市场上陈列的花环,禁止人们用鼻子嗅或用手摸。

忌吹口哨,特别是妇女,在饭店、商店等服务性行业中,客人若用吹口哨的方式来招呼侍者,会被视为是冒犯他人人格的无礼行为。

头是印度人身体上最神圣的部分,故不可直接触摸他们的头部。

千万不要拍印度孩子的头部,印度人认为这样会伤害孩子。

即使在朋友家里,也不要赞扬孩子,许多印度人认为这种赞扬会引起恶人的注意。

禁止穿戴皮革制品(腰带、表带、鞋、衣服),特别是在圣地,因为印度教教徒不杀牛,穆斯林不杀猪,耆那教教徒不杀人、动物和昆虫。

进入印度的庙宇或清真寺,要脱去鞋子,要跨过门槛而不能踩着门槛而过。光脚进寺庙,事先要在入口处洗好脚以表示礼貌。

凡进入回教寺庙者,均不能穿短裤或无袖背心,也要求脱鞋。

凡进入锡克教寺庙者,必先戴上头巾或帽子,然后脱鞋才可进入。

同印度人交谈时,对宗教与民族矛盾、印巴冲突、核武器、两性关系等问题,千万不要主动涉及。

印度人以往对等级、地位、身份极其关注。

印度素食者特别多,而且社会地位越高的人越忌荤食。

印度教教徒和锡克教教徒不吃牛肉,他们奉牛为神,忌讳吃牛肉,忌讳用牛皮制品。

崇拜蛇,视杀蛇为触犯神灵。

忌讳用澡盆给孩子洗澡,认为是"死水",孩子浴后会遭灾、夭折。

严忌众人在同一食盘内取食,也不吃别人接触过的食物,甚至别人清洗过的茶杯,也要自己再洗涤一遍后才使用。

信奉锡克教的印度人也严戒饮酒。戒酒几乎是全体印度人的共同习俗,有的邦是戒酒邦,也有的邦规定每周有"戒酒日"。

伊斯兰教教徒不吃猪肉。

耆那教教徒既忌杀生,又忌肉食。

在日常生活中,印度人忌吃蘑菇、木耳和笋类蔬菜。

用右手拿食物、礼品和敬茶,忌讳用左手或双手递食或敬茶;而且,印度人用餐习惯右手抓食。

信奉印度教的人，他们喝茶的方式是"舔饮"，即把茶水盛在盘子中，伸出舌头舔茶水而饮。

　　男子不能和妇女握手。许多家庭妇女忌讳见陌生男子，不轻易和外人接触；但如果邀请男人参加社交活动时应请他们偕夫人同来。一般关系的男女不能单独谈话。

　　印度人是用摇头表示赞同，用点头表示不同意。

　　人们用手抓耳朵表示自责。

　　召唤某人的动作是将手掌向下摆手指，但不能只用一个指头。

　　指人时也要用整个手掌，不能用一两个指头。

　　在办公室和商业机关，写字台喜欢放在东北角或西南角。

　　另外，在印度，月亮是一切美好事物的象征。

　　印度人认为红色表示生命、活力、朝气和热烈，蓝色表示真诚，阳光似的黄色表示光辉壮丽，绿色表示和平、希望，紫色表示心境宁静。印度人在生活和服装色彩方面喜欢红、黄、蓝、绿、橙色及其他鲜艳的颜色。黑、白和灰色，被视为消极的不受欢迎的颜色。

15 婚礼中的符号元素

在印度教社会，结婚是宗教礼仪的一部分。对于一个正统的印度教教徒来说，结婚的首要目的是要完成规定的种种宗教职责。印度教古代经典中说，没有妻子和儿子的男人是不完全的。因此，通常情况下，印度教教徒在结婚仪式上要为生儿子而发誓，不像西方婚礼上说的愿意为对方怎样怎样，而是说"我是为了有儿子才和你结婚的"，不是为了个人幸福。因此，对于大部分正统的印度教教徒来说，结婚只是为了完成他人生的一个阶段而已(印度教称其为印度教教徒的第二个生活期，即家居期)。

传统印度教教徒认为，婚姻是神安排的，因此，婚姻一定要"从一而终"。这样也就有了寡妇守寡的习俗，甚至是"萨蒂"(suttee)，即寡妇自焚。在印度一些社团中，曾经有这样的习俗，在丈夫的葬礼上，寡妇要被活活烧死来陪葬。

印度人的婚礼是绝对隆重的，要有特别讲究的排场，因为对每一个家庭来说，婚礼，除了它本来的意义外，还有许多其他意义，如：身份地位的展示、财富的展示等等。另外，婚礼也是一系列宗教仪式的一部分，具有宗教意义。整个婚礼过程中，婆罗门祭司自始至终发挥着重要的作用，而且整场婚礼必须是围绕某一圣物展开的。

根据印度教传统，在新人举行婚礼的前几天，要请牧师到新娘的家中诵读祈祷，旨在祝愿婚礼能顺利举行。接着，在婚礼的前一夜，新娘家要举办一个小型的仪式来欢迎新郎家的亲属。而且，这段时间，新娘和新郎不能见面，如果见了面，会给他们的婚姻带来不幸。

对于婚礼服装的讲究，印度各地均有所不同。但大多数情况下，新娘都应该穿金边的红色和白色婚纱,因为白色象征纯洁,而红色象征生活富裕和人丁兴旺。新郎一般穿白色衣服,上身是宽松的镶金边衬衣,下身是宽松的裤子或围裙式的布裙。

整个婚礼一共包括三个部分:第一个部分是洗脚(kanyadaan),此任务由新娘的父母完成,他们要用牛奶和清水为一对新人洗脚,旨在祝福他们开始新生活。第二个部分是牵手(hastamelap),此任务由牧师完成。新娘的右手被放到新郎的右手中,牧师诵读完圣经后,在新郎和新娘的肩头缠绕24圈白布,象征他们的结合。第三个部分,在举行婚礼的帐篷中央点燃一小堆火焰,新娘的兄弟或表兄弟带领新娘和新郎围绕火焰走数圈(至于具体走多少圈,不同的地区有各自的讲究),每绕一圈都要说一句誓言。另外,新娘和新郎的手中必须拿着大米、燕麦、树叶等,象征着财富、健康、繁荣和幸福。最后,新郎的兄弟们向新人抛洒泡过的玫瑰花瓣,意思是驱除邪恶。

典礼仪式上,新娘要喂新郎满满五口印度糖果吃,意味着她将照顾自己的丈夫以及担任起给全家做饭的义务;然后,新郎也喂糖果给新娘,说明他作为丈夫,会担负起供养妻子和全家的责任。这时,双方的亲戚会给新人的额头点上吉祥痣,并向他们抛洒大米,意在祝愿他们长长久久、幸福美满。

接下来是婚宴。婚宴过后,是整个婚礼的高潮,因为在亲属们离开时,新娘要借机大哭一场。这既表达了新娘对新婚的喜悦与羞涩之情,包含着她对娘家有着依依不舍之情,也意味着从此新娘将与她的丈夫一起开始他们自己的生活了。

另外,印度自古流行嫁妆制度,嫁妆制度与印度社会的宗教传统有关,也与人们的社会地位意识有关,种姓制度也是嫁妆制度盛行的一个重要原因。

古代印度教经典还提倡童婚。童婚出现的原因也是和宗教有关的,因为印度教教徒特别重视女子的贞洁;除此原因外,也与种姓制度有关。

当然,如今在印度,随着社会的进步,婚姻观念已经在悄悄发生着变化。婚姻的宗教色彩有减弱的趋势,男女平等的思想意识也逐渐深入人心,离婚现象也增加了,最人性化的就是越来越多的人支持寡妇再婚。

16   神秘的服饰

印度的服饰历史悠久,具有鲜明的民族特色,显得美丽而精致,是世界服饰文化史的重要组成部分。印度人的服饰的确是绚丽多彩的,甚至是神秘的,这或许与其悠久的历史有关,也或许与其独特的气候环境有关,但也许更多的是与其色彩缤纷的宗教有关。

印度是一个多宗教的国家,宗教是人们的一种生活方式,因此,人们的价值观会受到宗教的影响,甚至是被宗教左右,穿着讲究也一样,受到了宗教习俗的影响。"印度服饰正如印度的建筑、雕塑、绘画、工艺一样,具有宗教性、多样性、装饰性和包容性等特点,带着神秘而浓郁的印度情调,这种特色来自远古,亦体现在当代。"[①]

在吠陀时期,印度人就对服饰比较讲究,"人们有了根据不同场合和工作需要而穿不同服装的做法,例如:举行祭祀活动时,祭司要穿红色衣服,并包头巾,而祭祀者穿丝绸衣服"。[②]到后来,随着宗教派别的增加以及各个派别之间风格迥异的信仰差别,每派的衣着服饰也发生了变化,各派有各派的特色。如今,人们根据服饰穿着,基本上就能判断出某一个人是属于哪个宗教派别的。

在现代印度社会,宗教习俗影响了人们对服饰款式的选择,也影响了人们对服饰的颜色,甚至是质料的选择。其中印度教的影响最大也最为深刻,因为它是印度最古老、最主要也是最正统的宗教。除印度教外,佛教对服饰的颜色选择也产生了一定影响,印度人在服饰中普遍使用黄色,就是因为黄

---

①姚彦芳.国外的服饰.北京:中国社会出版社,2006:6.

②王树英.印度文化与民俗.北京:中国社会科学出版社,2007:75.

色与佛教的教义有关;而衣服的主要穿着方式以及衣服上的图案讲究则是受到了伊斯兰教的影响,如女性须佩戴纱巾、衣服上绣植物图案等习俗。

总的来说,印度人的衣着比较朴素大方。但因为地区不同、身份不同,人们所穿的服饰也有所不同。身份地位高的人会穿一些质地好的衣服,而且整个色调会显得华丽一些,而一般的老百姓穿质地差的衣服。虽然有布料好坏上的差别,但在样式上是有共同点的,那就是凡是男子大多穿长衫和围裤,凡是女子,不分贫富贵贱,无论年轻人还是老年人,都穿纱丽;而且所有的服装都很宽松,给人凉爽透风的感觉,这当然是跟印度独特的气候有关了。

传统印度妇女的服饰分三部分,"乔丽衫"是紧身的短上衣,"衬裙"是围在纱丽内的宽松长裙,最外面的是"纱丽"。乔丽衫一般是紧身的,短而窄,紧贴上身各个部位,然后在外面披上纱丽。

纱丽一般是由一段长5~8米的棉布或绸缎做成的,质量较好的还绣嵌着金纹,高贵者甚至缀上宝石。纱丽的颜色大胆鲜艳,上面绣有各样图案,一般是绣上人们所崇拜的植物如圣树等,表达人们向往美好的生活之意。

纱丽一般是以缠裹披挂的方式穿着,一端任其下垂或当做头巾使用。

"纱丽有几千年的历史了。在印度教著名史诗《摩诃婆罗多》中,曾经提到四五千年前有一种织有珍珠滚边的纱丽。在一些古雕刻画中,也有许多穿戴各种几何图形纱丽的妇女形象。"[1]另外,关于纱丽的产生,还有一个美丽绝妙的传说:古代有一个织匠,梦中见到一名哭泣的女子,她黯然神伤的眼泪,闪耀着丝质般的荧光;她瞬间变幻的表情,仿佛轮回的鲜艳色彩;她秀美飘逸的长发,缠绕身上如同霓裳;她轻盈娇俏的身形,如绢绸抚摸一般的柔顺。[2]

信奉印度教的男人多穿长衫,一般有无领的和圆领的,长衫一般长不过膝。下身穿围裤,称为"套底",垂直脚面以上。头上要包头巾,头巾的颜色不一,包法也是各种各样的。在现代,男子普遍喜欢穿方便的衬衣和裤子,穿西装打领带的人也越来越多。

---

[1] 姚彦芳.国外的服饰.北京:中国社会出版社,2006:7.
[2] 同上,第8页。

17 异彩纷呈的节日

  印度是一个多民族、多宗教的国家,印度人民在长期的生活中形成了许多民族性的节日,这些节日的数目之多、特征之奇特确实使印度之外的人们为之一惊。当然,每个节日的出现不是偶然的,它们的产生有着其特定的历史根源和社会条件。民族节日是民族风俗习惯和文化财富的主要组成部分,它在一定程度上反映着各族人民的经济、政治、宗教、思想和生活状况,并影响着人们的思想和生活。

  "一年有 365 天,而印度节日就有 366 个。"[1]而且每个节日都异彩纷呈、热闹非凡,确实是值得羡慕的。

  印度的节日大致可以分为以下几类:政治性节日;季节性节日;历史性节日;宗教性节日。但绝大多数节日是宗教性的,与印度人笃信宗教有关。[2]这些异彩纷呈的节日向我们展现了印度这个国度的神秘,也使我们对印度这个民族的文化有所了解和感悟。每个节日本身就是一种象征,一种符号,而包含在每个节日里面的有象征意义的符号是不计其数的。

  我想,了解了这些节日,了解了这些符号,印度的神秘面纱就又可以被掀掉一点。下面简单介绍一些在印度比较盛大的传统节日以及这些节日中的一些神秘仪式和某些物体的象征意义。

一、元旦

  印度的元旦是最令人称奇的一个节日。因为在这一天,人们会号啕大

---

①王树英.印度文化与民俗.北京:中国社会科学出版社,2007:187.
②同上,第 188 页。

哭,而不是我们传统意义上的人人喜庆的欢乐气氛。

在印度,从每年的 10 月 31 日起为新年,新年共 5 天,第 4 天为元旦。在元旦这一天早上,印度所有地区的家家户户就会哭声不断,人人脸上涕泪横流。印度人就是以这种"痛哭"的方式来迎接新年的。在这一天,"痛哭"的意思是在于感叹人生苦短,岁月不饶人。另外,还有一些地区的人会以禁食一天一夜的方式来迎接新年,一般是从元旦凌晨开始直到午夜为止。

因此,人们也会将印度的元旦称作"痛哭元旦"或"禁食元旦",的确是很有意思的习俗。

在元旦期间,人们也会出门向老人和亲友拜年,点吉祥痣,象征吉祥如意、抬头见喜等。年轻人会把红墨水装进水枪里,射到亲友身上,称为"洒红",也象征吉祥如意。

另外,在过年的前五天,印度各地都会演出印度史诗《罗摩衍那》,象征着英雄罗摩在游行。扮演史诗中英雄罗摩的人与纸扎的巨人"作战",他将点着火的箭射向纸扎的巨人,纸扎巨人便在人们的欢呼声中被烧毁,象征着新的一年将会平安、吉祥、如意。

二、国庆日

国庆日也称"印度共和日(Republic Day)",1947 年 8 月 15 日,印度正式宣布独立后,1 月 26 日被正式定为国庆日。1950 年 1 月 26 日,印度颁布了《共和国宪法》,1 月 26 日具有了更为重大的意义。

印度共和国日是印度最多姿多彩的节日之一。节日期间,各邦首府都会举行庆祝活动,举办盛会或巡行等。印度首都新德里的巡行最为壮观,每年这天,人们从印度各地汇集到新德里,在总统府前的广场上张灯结彩,举行声势浩大的游行。还会进行演讲、表演舞蹈等活动。1 月 29 日举行的击鼓阅兵仪式标志着庆祝活动的结束。

三、甘地逝世纪念日

甘地逝世纪念日,时间是 1 月 30 日。

1948 年 1 月 30 日,甘地在新德里遭一名印度教狂热分子枪击而身亡。

每年这天，在首都的圣雄甘地陵（Raj Ghat）都会有诵经文或其他的祈福活动。

印度国父"圣雄"甘地的陵墓位于新德里东郊朱木拿河畔。陵园呈凹形，在陵园正中，静卧着一座黑色大理石陵墓，是一个四方形平台，象征着"圣雄"甘地1948年被刺后火化的地点。

陵墓后有一个绿色的栅栏，围着一只镶着铜边的玻璃罩，里面有盏长明灯。此灯火苗冉冉，昼夜不熄，象征甘地精神永存，也象征着印度争取民族独立的精神。

陵墓正面刻有印度文："嗨！罗摩大神！"这是甘地遇难倒地时喊出的最后两个字，罗摩是印度史诗《罗摩衍那》里的英雄，是印度教中保护之神毗湿奴的化身之一。

按照印度教的风俗，死者的尸体必须被火化，而且要把骨灰撒入圣河。因此，甘地陵只是一个象征性陵墓，人们为了纪念甘地，在火葬他的地方修建了这座陵墓，里面并没有埋葬甘地的遗体。

在甘地的陵墓上有一把燃烧着永远不熄的火炬，象征甘地的精神永垂不朽。

前来甘地陵瞻仰和悼念的人，必须在围墙大门前脱鞋，赤脚或穿着袜子进入，象征着对甘地的尊敬。

四、湿婆神节 (Shivratri 或 Mahashivratri)

湿婆神节，是印度教节日，也叫"湿婆神之夜节"，在公历2—3月（印历为12月黑半月第四天）。

湿婆神节在印度教寺庙庆祝，节日期间，不分男女老幼、高低贵贱都要进行斋戒。在节日里，印度教教徒需要拜祭的物体为：男根崇拜的象征物林迦，它象征着大神湿婆，敬拜它可以使自己过去一年所做的罪恶得以赦免；而且，在这天，虔诚的湿婆神崇拜者只要恪守仪程，就将得到向神乞求赦免自己罪恶的机会。

节日的前一天晚上，虔诚的信徒们便开始排成长队，向城中的两座神庙出发，一座供奉湿婆神，一座供奉着他的儿子象神迦内沙。到达后，信徒们会唱着圣歌连夜等候,等待次日清晨圣殿大门打开后进行敬拜。

相对来说,女性更喜欢湿婆神节。在节日这一天,所有女性都会更加虔诚地祈祷,未婚女子祈求湿婆神能赐给她一位理想的夫君,而已婚女子则为丈夫和孩子祈福。另外,湿婆神节还有帮助穷人的传统,在这一天,乞丐们会得到比平时更多的施舍。

五、洒红节(Holi)

洒红节也叫"霍利节",是印度教的四大节日之一,它也是印度的阴历新年,在每年的2—3月(印历为12月望日)举行。

此节日是用来纪念印度教的黑天神的。节日期间,举国上下都热烈庆祝,一般城市庆祝两天,第一天焚烧霍利,第二天洒红。

传说印度古代有一个国王生性残暴,而他的王子却很仁慈,对百姓很是爱护,因此,受到百姓的拥护。王子对父亲的残暴很是不满,这惹怒了国王,国王便打算烧死自己的王子,但由于受到大神毗湿奴的保护,大火没有烧死王子,他安然无恙。于是,开心的百姓们为了庆祝,便向王子身上泼洒红颜色的水。洒红节便由此而来。

洒红节

出处:http://www.yoka.com/life/travel/2009/0412173222.shtml

快乐是印度大多数节日的主旨,洒红节也一样。在节日里,人们换上以红白色为主的服装,象征纯洁。而且可以相互捉弄对方,尽情欢乐。这时,所有的人都会暂时忘记种姓阶级的差异,通常情况下,较低种姓的人会将粉和颜料洒向高种姓的人。到了晚上,人们把用草和纸扎的霍利卡像抛入火堆中烧毁。另外,印度人在洒红节期间还要喝一种乳白色饮料,据说此饮料象征着来年可以平安健康。

洒红节本来是用来庆祝春天的,与创造和复始的行动有关,象征着春分和谷物丰收。

六、罗摩节 (Ramanavami)

罗摩节在每年的公历3—4月。它属印度教节日,是印度教教徒用来庆祝大神毗湿奴的第七个化身罗摩的生辰的。

罗摩是深受印度教教徒喜欢的神之一,他一直被印度人视为英雄。每年的罗摩诞辰,不同派别的信徒都举行庆祝仪式。

在印度教神话中,他是史诗《罗摩衍那》的主角,由于宫廷斗争的原因,他放弃了王位,放逐森林,在森林里生活了十四年。期间他的妻子悉多被十首魔王罗婆那掳走,罗摩在忠实仆人神猴哈奴曼的帮助下,最终打败了罗婆那,救回了妻子。

罗摩是与邪恶对抗的正义之神,是保护人们免受灾难的英雄,他象征着正义和勇敢。所以,虔诚敬拜英雄罗摩,可以达到消灾辟邪的目的。

七、大雄节 (Mahavira Jayanti)

大雄节也称"大雄诞辰节",时间是公历3—4月。这是耆那教最重要的宗教节日,是耆那教教徒为了庆祝其祖师大雄的寿辰而举办的节日。

节日这天,印度全国各地的耆那教寺庙都布置得绚丽多彩,热闹非凡。虔诚的信徒从四面八方涌来,成群结队地聚集在耆那教庙前敬拜,举行祭典活动,给大雄进行圣浴。另外,耆那教教徒在这一天向贫穷的人们提供牛奶、大米、水果、香、灯和水。

八、复活节 (Good Friday)

复活节是基督教节日,时间是公历3月21日到4月25日期间。

复活节,又称"主复活日",是一个西方的重要节日。基督徒认为,复活节象征着重生与希望,为纪念耶稣基督于公元 30 年到 33 年之间被钉死在十字架之后第三天复活的日子。

九、佛诞节 (Buddha Purnima)

佛教节日,又称"浴佛节"、"灌佛会"等,时间是公历 5—6 月间的月圆日。顾名思义,是为纪念佛祖释迦牟尼的诞生而举办的。节日当天,佛教庙宇都会举行一连串隆重的浴佛仪式和一些庆祝活动,旨在祈求佛祖能够福泽社会、消灾驱邪,还要礼请法师来开坛说法,说教论道;同时,崇佛之家还要以花献佛,祭拜佛祖,施舍僧人。

信徒们要到寺院,参与浴佛、献花、献果、供僧、供舍利、演戏等节目。另外,佛教教徒都会在这一天回顾和学习佛祖慈悲的教导。根据传统,在这一天,佛像会被置于大象背上,请到街上游行。

十、独立节 (Independence Day)

独立节是印度全国性的节日,时间是 8 月 15 日。

1947 年 8 月 15 日,印度摆脱了殖民主义统治,正式宣布国家独立。在每年的这一天,印度总理要在德里的红堡上升起国旗,发表讲话;总统要向全国人民致辞来祝贺独立节。

十一、十胜节 (Dussehra)

十胜节是印度教最盛大的节日之一,又叫"凯旋节",在 9—10 月。

此节日源自于史诗《罗摩衍那》,主要是为庆祝罗摩战胜十首魔王罗婆那而举行的。据说十车王之子、英雄罗摩为了救回被十首魔王罗婆那掳走的妻子悉多,与十首魔王罗婆那激战十天,在第十天罗摩战胜了罗婆那,救回了妻子。因此,为了欢庆英雄罗摩的胜利,宣扬"善有善报,恶有恶报"的道理,人们就举办了十胜节,而且节日要持续十天。

节日期间,到处一片欢腾,人群熙攘,张灯结彩,热闹非凡。无论城镇还是乡村,人们都一连十天搭台演出描写罗摩王生平的歌舞剧,并在第十天焚烧十首魔王罗婆那的模拟像,以象征罗摩的彻底胜利。

印度教教徒认为罗摩是天神毗湿奴的第七个化身,只要对罗摩表示虔诚,就可国泰民安,因此节日越隆重越好。

十二、灯节(Diwali)

灯节是印度教四大节日之一,也译作"排灯节",在公历 10—11 月举行。

灯节这一天,从农村到城市,从政府官员到普通百姓,家家户户都要张灯结彩,欢度佳节。灯节的主旨是亲人聚会,祈求光明和财富的降临。

灯节

出处:http://society.news.mop.com/rw/p/2006/1023/09519155.shtml

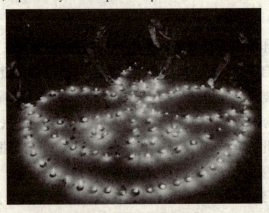

印度妇女点蜡烛欢庆排灯节

出处:http://news.163.com/08/1029/16/4PEF59790001125G.html

传说,印历每年的最后一天,光明和财富女神将降临人间,所以,这时候家家户户都会把自己的房舍打扫干净,而且尽量多点灯火,用欢庆、洁净和光明迎接幸运之神的来临。

这一天,全国各地的印度教神庙显得更加热闹,人们在庙里进行祭祀仪式,要对神灵默默祈祷。据说,庆祝灯节能使人的身心得到净化,逢凶化吉;同时,家家户户张灯结彩也象征着光明能战胜黑暗,善良也能战胜邪恶。

18　印度艺术中的语言符号及其象征

　　印度文化的神秘之处还体现在其艺术的神秘上,因为印度艺术中包含了更多印度之外的人难以了解的神秘符号。如:印度舞蹈之中有象征意义的某些特定符号、印度绘画及雕刻艺术中的某些神秘符号等。了解了这些符号的意义,我们就能更进一步地了解印度,了解神秘的印度文化。

18.1　舞蹈中的象征符号

一、印度舞

印度舞

印度舞蹈历史悠久，向来有"舞蹈王国"之称。

印度教教徒崇拜的湿婆大神的形象之一就是欢乐的舞蹈之神。相传湿婆是印度舞蹈的始祖，会跳108种舞蹈。他的舞蹈体现着创造与毁灭，是宇宙和世界的舞蹈。因此，在印度，舞蹈被当做是创造世界的一种方式。由此可见舞蹈在印度人心目中的分量及地位。

作为舞蹈之神，湿婆的形象一般是：头戴扇形宝冠，右腿独立于熊熊燃烧的火环中央，脚踏侏儒，左脚抬起，四臂伸展，右边两只手，一手持鼓，一手做无畏状，左边两只手，一手托火，一手横在胸前，跳着神秘的宇宙之舞。

早在印度河谷文明时期，印度人就很喜欢跳舞。到了吠陀时代，印度舞蹈进一步发展，而且有了文字记载。据说，《梨俱吠陀》中就记载了有关舞女的一些故事。公元前4世纪，印度的大文法家波尼尼也曾提到过"舞蹈"一词。至于在印度史诗之一《罗摩衍那》中有关舞蹈的记载就更多了。《罗摩衍那》中写道："在阿逾陀日夜举行舞会和音乐会，供国王享乐"，"一位舞者优美的舞姿使罗婆那为之陶醉"。但是，有关舞蹈艺术的专著应该以婆罗多的《舞论》为代表，它是印度古代最早的文艺理论著作，一般认为它是公元2世纪的产物，但其内容应更早于成书年代，可能在公元以前。《舞论》是一部诗体著作，它全面论述了戏剧工作的各个方面，从理论到实践无不具备，而主要是为了满足实际工作的需要，起一个戏剧工作手册的作用。它论及剧场、演出、舞蹈、内容情调分析、形体表演程式、诗律、语言、戏剧的分类和结构、体裁、风格、化妆、表演、角色，最后更广泛地论及音乐。这个全面的总结一经出现，便对后来的文艺理论产生了很大影响。虽然它基本上是注重实际演出工作的书，但是它在理论方面仍接触到一些重要问题，对音乐、舞剧等优美艺术的各个部分进行了很好的阐述。到后来，香格尔戴沃在自己的《格冷特·勒德纳格》一书中，对舞蹈进行了详细的研究，提到了舞蹈种类等内容。书中讲到了"当得沃舞"（一种湿婆舞），湿婆神是这种舞的始祖，湿婆把这种舞蹈知识传授给自己的学生和婆罗多牟尼（圣人、导师）。当得沃舞是表示有关世界末日的舞蹈，当世界开始毁灭时，在布德杰里和沃亚克拉巴德仙人的请求下，湿婆表演了"阿安德·

当得沃"舞,当时四副面孔的梵天为他击掌伴奏,毗湿奴为他敲鼓,又有登巴鲁和那罗陀为他伴唱。到了迦梨陀娑时期(公元5世纪),印度舞蹈又得到重大发展。迦梨陀娑的著作很多,他的剧作使古代印度戏剧创作达到了登峰造极的境地,他不仅以诗驰名于世,而且也是一位有名的剧作家,他流传至今的剧本《沙恭达罗》、《摩罗毗迦与火友王》等,都是很著名的。剧词中散文与诗歌并茂,穿插自如,而且剧中有舞蹈,也有歌曲。他的《摩罗毗迦与火友王》的第一、二幕中对音乐和舞蹈的理论还进行了充分研究。迦梨陀娑的著作中也提到了舞蹈和表演之间的密切关系。这些对后来舞蹈的发展起到了重要的指导作用。[①]

从舞蹈内容和性质区分,印度舞蹈可分古典和民间两类。古典舞蹈有四个,即曼尼普利舞、婆罗多舞、咔哒卡利舞和卡达克舞。印度舞也可以分为北印度舞(Kathak)和南印度舞(Bharata Natyam)。北印度舞的音乐为印度斯坦(Hindustani)音乐,南印度舞蹈则采用了卡纳提克(Carnatic)音乐,两种音乐的节奏和旋律不同,表现形式也不同。跳卡达克舞时,腿须笔直,身体曲线始终保持流线形,这种舞蹈讲究用夸张的面部表情和丰富的手部动作,结合华丽的服饰和化妆,通过肢体语言而非音乐演唱来传情达意;而跳婆罗多舞时,腿可弯曲,身体幅度变化很大,更具欣赏性。

关于民间舞蹈,"印度史学家认为,民间舞并非仅限于乡村的舞蹈,而是指无论乡村,还是都市中所有平民百姓的舞蹈。印度民间舞的最大特征是手舞足蹈完全出于内心的需要,不是职业性的活动,而是自娱性的活动。印度的民间舞在世界范围内享有盛名"。[②]

由于印度是一个宗教盛行的国家,因此印度民间舞蹈都具有明显的宗教性质。"印度南部的民间舞大多以湿婆神及其各种不同的化身为主题,印度教中的乐舞之神克里希纳也常常出现在南部民间舞蹈中;在孟加拉等地区,由于人们崇拜的是湿婆身上凝聚着的阴阳合一中的明显特征,所以当地的民间舞受到的影响来自对女神杜尔迦的崇拜仪式;印度北部的民间舞则主要受到了克里希纳神与拉达浪漫故事的影响。除此之外,印度民间舞还有驱鬼除邪和鬼神附体的特征,使用假面等特征。"[1]印度舞蹈中处处充满了符号的影子,一个动作、一个手势,甚至一个眼神都有着特殊的含义,值得我们去探究。

二、曼尼普利舞[2]

曼尼普利舞是印度四大古典舞蹈之一,产生于印度东部的曼尼普尔地区,因而得名。曼尼普尔一向有"舞蹈之乡"的称号,舞蹈是曼尼普尔人生活中的重要组成部分,也是妇女必备的一种美德。

曼尼普利舞,由优美的民间舞蹈发展而来。据民间传说,在古代,湿婆神和雪山女神创造了一种舞蹈,并且选择了一片适于跳这种舞的山谷地带,但是地势低洼,淹在水中。于是湿婆神用他的三叉戟劈山排水,填平了洼地,开辟了一片跳舞的地方,这个地方就是今天的曼尼普尔。湿婆神和雪山女神在曼尼普尔跳的第一个舞蹈叫拉伊哈罗巴舞。拉伊哈罗巴舞就是曼尼普利舞的原始形式,它是一种祭奠村神的舞蹈,跳舞时,往往全村人参加。

曼尼普利舞是几种舞蹈的总称,属于曼尼普利舞的有与颂神有关的班格·贾兰恩舞(快步舞)、格拉达尔·贾兰恩舞(击掌舞),表现克里希纳(黑天神)童年生活的拉卡尔舞(伙伴舞),泼水节时跳的塔巴尔·金格比舞(月光舞)等。平常人们所说的而且也是闻名全印的曼尼普利舞,是指充满艳情的拉斯·利拉舞。据说,大约在 1700 年前,曼尼普尔地区出了一位国王,名叫杰辛格。一次,他在梦里看到了拉斯·利拉舞,听到了优美的音乐,便教他的女儿学会了这种舞蹈。从此,这个舞蹈得以流传至今。

拉斯·利拉舞又包括瓦森德·拉斯舞(春舞)、衮古·拉斯舞(林舞)、马哈·拉斯舞(大舞)、尼碟耶·拉斯舞、迪沃·拉斯舞等。所有这些舞蹈,都是表现克里希纳和高比族(一种牧族)姑娘们之间的爱情和嬉戏情景的舞蹈。舞蹈的主角是拉达和克里希纳。

印度神秘符号

159

---

①百度快照.club. topsage. com/thread-915170-1-1. html. 2011-3-10.

②百度快照.club. topsage. com/thread-911391-1-1. html. 2011-2-15.

拉达和高比族姑娘们穿一种叫巴尼格的圆圈裙，没有褶纹，裙子上罩一件薄纱，腰部系一根腰带，上身穿一件紧身短衣，头戴薄纱巾和帽子。克里希纳穿黄色衣服。他们服装的色彩同舞蹈气氛十分协调，使舞蹈显得更加婀娜多姿、优美动人。

三、婆罗多舞[①]

婆罗多舞是南印度泰米尔纳德邦的传统舞蹈，为印度四大古典舞蹈之一。印度学者认为，这个舞蹈源于北印度的雅利安文化，但在南印度得到了发展和完善。婆罗多舞在南方的发展，与南方各庙宇里的神奴有密切关系，传说仙人婆罗多是这个舞蹈的祖师。

关于婆罗多舞的来历，说法不一，但不管哪种说法，都与印度史诗《摩诃婆罗多》中的般度五子老三、大英雄阿周那有关。有一个故事说，在阿周那寄居他乡时，他把这个舞蹈教给了摩德斯耶（维拉特）国的公主乌特拉。后来，这个舞蹈又从维拉特（今天的斋普尔）传到全印度。另一个故事说，阿周那在羯陵伽国京城马勒格·巴登摩时，把这个舞蹈教给国王吉特拉瓦亨的女儿吉特朗格达（她后来同阿周那结了婚）。所以在南印度，一般认为，吉特朗格达后来当了神奴，阿周那回国时，她没有和他一起走。还有一种说法，认为这个舞蹈是由泰米尔纳德邦著名的民间舞蹈古拉温吉舞发展而来的。古拉温吉是一个流动的山族，他们在全邦范围内活动，靠看手相和跳舞卖艺营生，他们跳的舞就叫古拉温吉舞。古拉温吉舞比婆罗多舞简单，但是很受欢迎。

哑演是婆罗多舞的特点，通过身体各部分的动作表达丰富的思想感情，诸如战争、爱情、仇恨等等。它需要道具，戴各种面具表达不同故事也是此舞的一大特点。婆罗多舞一般由格尔纳塔克音乐伴奏。阿尔利布琴一响，演员并拢双脚，两手向头上方伸去，然后随着幕后传来指挥演员动作的乐器声，演员用颈、嘴、眼睛、双手及身体其他各部分的动作和表情，自如地表现各种思想。

---

①百度百科.baike. baidu. com/view/599509. htm 2010-5-15.

四、咔哒卡利舞①

咔哒卡利舞是喀拉拉邦最有名的舞蹈，也是印度四大古典舞蹈之一。咔哒卡利舞实际上是一种故事性很强又独具特色的颂神舞。大诗人瓦拉多尔称咔哒卡利舞为"艺术的皇后"。把故事、诗歌、音乐、舞蹈、表演和绘画巧妙地结合起来，是咔哒卡利舞的一大特点。

咔哒卡利舞通常在庙会期间于夜晚演出，剧中所有角色均由男子扮演。表演的形式是哑演，但有敲打乐器伴奏。舞中的故事情节，用朗诵诗的形式表达。诗句都是梵语化的马拉雅拉姆语，一个人在幕后朗诵。演员身体的姿态和手势，都有一定的象征意义。通过双脚跳动的快慢，两手和十指的各种动作以及眼睛、鼻子和嘴唇等的不同动作和表情来表现诗句的内容。演员们只表演不说话。优秀的咔哒卡利舞演员，十分精通身体各部分的动作和表演技巧，他们只用眼神就可以表现各种思想感情，用眼睛转动的快慢，表现圆圈、阿拉伯数字"8"等。他们表演天鹅、蛇和猴子等动物的动作，形象而又逼真。他们甚至可以用半张脸表演憎恶和愤怒，用另半张脸表演高兴和欢乐。

面部化妆在咔哒卡利舞里占有重要地位。这种化妆，是一种特殊的绘画艺术，经过化妆的面部，有助于表现舞蹈的各种思想内容。他们用米粉熬成的稠糯糊，涂在面部，根据角色的不同，再涂上绿色、红色和黄色等五种颜色。正面人物脸上再涂浅绿色和白色；反面人物脸上涂几层粉白色，鼻子四周涂红色，眼睛四周涂黑色，佩戴红胡须；女角在黄色和淡红色的底色上，涂一层白色。

咔哒卡利舞，一般都取材于《罗摩衍那》和《摩诃婆罗多》两大史诗，但是现在也有人用它作为政治宣传的手段。

咔哒卡利舞蹈艺术，一般人不太容易欣赏，但是在喀拉拉邦，人人都能领会它的艺术美，其城市乡村都会演咔哒卡利舞。

①百度快照.tieba.baidu.com/fk22225926569.2010-9-8.

五、卡达克舞[1]

卡达克舞产生于北方邦的首府勒克瑙，是北方邦和拉贾斯坦邦的著名舞蹈，也是印度四大古典舞蹈之一。

卡达克本是一个种姓，专门从事舞蹈，以卖艺为生，他们所跳的舞叫卡达克舞。卡达克舞原是一种宫廷艳情舞，在封建帝王时代，专供王公贵族茶余饭后消遣。现在成为大家皆跳的舞蹈。

卡达克舞男女均可表演，内容主要是表现克里希纳与拉达的爱情故事。卡达克舞演员的脚上系有许多小铜铃，演员随着鼓声的变化而发出不同响声，时而铿锵有力，繁音流泻；时而细碎悦耳，娓娓动听。随着鼓点和音乐用身体各部分的动作和面部表情，表现各种感情，所以有人称它是表演各种体态的舞蹈。目前这种舞蹈大多出现在银幕上和舞厅里。

印度除古典舞蹈外，各地还有许多著名的民间舞蹈。印度的民间舞蹈历史悠久，在古典文献《耶柔吠陀》和两大史诗《摩诃婆罗多》与《罗摩衍那》中都有记载。有些是属于宗教性的，有些是属于季节性的等等，不仅内容丰富多彩，而且各具特色，深受群众欢迎，所以有些民间舞蹈能够世代相传。

六、彭戈拉舞[2]

彭戈拉舞，是旁遮普人在丰收季节跳的一种庆丰收舞。舞者不拘老幼，任何人都可参加。只要有块空地，一群人聚在一起，敲起鼓，便可跳起来。开始是沿圆圈跳，新来者可随时加入，而不会打断舞蹈的连续性。鼓手站在场地中央，舞者围着鼓手转圈。鼓者击一会儿鼓，便把鼓槌向上举起，跳舞的人看到举起的鼓槌，便加速步伐，越跳越快，全身也随着快速抖动，并且一只脚着地，举起双手，不断跳跃转圈。跳到高潮时，他们双手击掌，不时发出"巴莱！巴莱！"或"嗬！嗬！"的喊叫声。喊声异常威武雄壮，舞蹈欢乐活泼，跳的人常常乐而忘形，看的人也往往手舞足蹈。高潮过后，就变为慢步舞，随着悦耳的音乐，用一只脚缓缓地跳。这时其中一个人突然用手蒙住左耳，

---

①百度快照.www. cloudgate. org. tw/cgz/cgnews/feature.p... 2011-1-8.
②同上。

唱支歌,大家又立刻像起初那样狂舞起来。如此快慢相间,反复几次,跳的时间可长达几个小时。熟练的彭戈拉舞演员甚至能做出十分复杂的杂技动作,例如躯干接近地面,脊柱后仰或者一个跳舞者站在另一个的肩膀上,后者则屈膝跪着跳舞。由于彭戈拉舞没有严格的规则,它给人们一种新鲜、自然和充满活力的印象。这种舞的动作明确无误地体现了旁遮普邦人的男子汉气概。

彭戈拉舞有几种,其中主要有鲁迪舞、秋莫尔舞、纠格尼舞等等,彼此略有区别。这种舞技巧高超,队形多变,无矫揉造作之感。用音乐和手鼓伴奏,旋律优美,和谐有致,而且自然感人。

舞者的服饰是头上缠时髦的头巾,下身围条漂亮的围裤,上身穿一件丝织宽衣,衣上染着蓝或深红颜色,绚丽夺目。脚上系有脚铃,舞者足部的动作熟练,伴随着音乐、手鼓和脚铃有节奏的响声,生动地表现出勤劳、勇敢的印度人民对生活的热爱。那愉快的曲调和灵巧、优美的舞姿,以及那丰富的表情,体现了印度人民战胜自然、获得丰收的决心与乐观精神。

七、格塔舞[1]

格塔舞,是旁遮普邦最古老的舞蹈。"格塔"的意思是击掌。从前跳格塔舞是为了取悦天神。今天在人们结婚等喜庆活动时也跳这种舞蹈。

格塔舞非常简单,然而舞姿动人。这种舞通常是在月夜跳,舞者先围成一圈,然后随着急促的鼓点,逐步把圆圈扩大。这时,有三四个人走到圆圈中央开始起舞。他们边跳边唱,起着领唱作用。他们唱的歌叫塔拜或巴德,每次唱到最后一句时,其他人一边拍手,一边重复唱一次,如此反复,直到结束。

格塔舞一般是妇女跳的舞蹈,男子也可以跳,但是要和妇女分开,另外围成一圈。只有庆祝结婚时,男女才可以共舞。

八、秋莫尔舞[2]

秋莫尔舞(狂舞),是男子跳的一种舞蹈。虽然不像彭戈拉舞那么著名,

---

①百度百科.baike. baidu. com/view/599523.htm. 2006–11–10.
②同上。

但在旁遮普的广大农村也很盛行，因为它是与农业节日有关的舞蹈。这种舞蹈任何时候都可以跳。它和格塔舞类似，跳时先围成圆圈，在鼓声的伴奏下，男子每人各持一短棒，相互有节奏地敲击，转圈跳舞。跳秋莫尔舞的人，头上要系一种带璎珞的华丽头巾，穿白色圆领长衫，披各色布单，布单两头系在左腰，色泽鲜艳的宽边下衣一直到脚面，脚穿软鞋。秋莫尔舞十分优美动人，一跳就是三四个小时。

九、波瓦依舞[1]

波瓦依舞，是古吉拉特邦一种著名的民间舞剧，形式很特殊，舞中有音乐、舞蹈和戏剧表演，与歌舞剧相似。角色全由男子扮演，观众也全是男的。

表演波瓦依舞剧是袍吉格族、纳耶格族和迪拉格尔族的祖传职业，他们组成歌舞剧团，串乡走村，四处巡回演出。尤其在九夜节时，一定要表演波瓦依舞，以迎接波瓦依神母（难近母），这就是舞剧名字的由来。

这种舞剧没有舞台，在露天广场或庙宇的庭院内演出。不过演出时，需要在庭院或广场里放一个难近母神像，并在像前点盏油灯。演出常常从头天晚上持续到第二天清晨。每一个波瓦依舞分几个部分，每一个部分叫做一个斯旺格，每个斯旺格有一两个角色，表演某一个神话故事、历史人物或社会人物。舞剧中往往夹杂一些讽刺性的笑话，用以达到某种揶揄目的，很有意思，深受人们的欢迎。

十、格尔巴舞[2]

格尔巴舞属于敬神舞，是古吉拉特邦最受欢迎的民间舞蹈。它有两种形式，即"格尔巴"和"格尔比"。格尔巴舞是女子跳的，格尔比舞是男子跳的。

妇女跳格尔巴舞时，把点着灯的陶罐或某种农作物的青苗放在舞场中央，然后围成圆圈，头顶带孔点灯的陶罐，在伴唱声中，尽情舞蹈，以表示对大地母亲的祈祷。此舞别具一格，由于头顶带孔点灯的陶罐，随着身体的摆

---

①百度百科.baike. baidu. com/view/599531.htm. 2006–11–10.
②同上。

动发出闪烁的灯光,如同钻石一样美丽,灯光照出的影子也特别好看。过九夜节时,妇女们尤其喜欢跳格尔巴舞。美丽的姑娘们头顶点灯的陶罐,成群结队地跳着舞前往各家,邀请大家前来跳舞。连续九天的节日期间,处处是舞蹈,家家有歌声。除了敬神性的节日,如在克里希纳降生节、罗摩诞生节外,其他一些节日也可跳这种舞蹈。春节、姑娘节、寡妇节等节日,也跳格尔巴舞。

格尔比舞是在九夜节时,男子们为纪念难近母神而跳的一种舞蹈,其他时间一般不跳这种舞。舞场的布置和跳法,同女子跳的格尔巴舞一样,只是男子跳舞时,头上不顶陶罐。跳格尔比舞的人,上身裸露或穿带花边的古式长衫,下身穿一条拉贾斯坦式的裤子。

十一、拉斯舞[①]

拉斯舞,是古吉拉特邦另一种著名的民间舞蹈,历史悠久。这是一种男女混合舞,有三种形式,即登得·拉斯格(棍子舞)、达尔·拉斯格(击掌舞)、拉黑德·拉斯格(表演舞)。登得·拉斯格舞(棍子舞)在北印度尤为流行。在秋月节时,处处都可以看到跳这种舞的场面,其他节日时也跳这种舞蹈。从前,拉斯舞只是表演黑天神的生平事迹,只唱与黑天神有关的歌曲,但今天的歌词内容有了变化,也可唱其他歌曲。跳拉斯舞时,服饰打扮没有一定之规,一般女的穿宽上衣和裙子,男的穿长衫或瘦腿裤,有时要有一个演员打扮成黑天神的模样。

对印度人来说,舞蹈不仅是艺术,更有宗教的含意。印度舞源自对神无比虔诚与洁净无私的爱,舞者借由本身的手指、手臂、五官、身体表达和诠释宇宙间的万事万物。所以一些印度舞只在庙里表演给神看,印度舞也因此多了一层神秘色彩。

基本动作:印度舞节奏明快,一段4分钟的舞蹈有50多个动作。包括了手势、眼神、内心所想、面部表情,这种变化万千的姿势可以代表人的七情六欲,甚至可以代表天地山水等自然景物和昼夜等自然现象。

①百度百科.baike. baidu. com/view/599541.htm. 2006-11-10.

起舞前,腿保持弯曲,手合起来,行开启礼;手伸展开,脚向前跨一步。随着音乐开始变换手姿;音乐中开始出现"咚咚"的节奏时,开始变换脚步动作。保持微笑,舞蹈动作越来越快,手姿变化丰富。

服装:在印度,一般只有已婚妇女才穿长达 6 米的纱丽,但舞者例外,哪怕很年轻的女孩也可以这样打扮。有时候,舞者也穿本加比(Punjabi),即裤子+过膝长衣+长围巾。裤子的款式有很多,有些宽大,有些紧身。围巾的系法也不相同,平时可以戴在脖子上,跳舞时系在腰间,增加线条感。本加比已成为时尚。

配饰:额头上贴的长尖形饰物叫缤蒂(Bindi)。传统的缤蒂很大,上面镶满了钻和宝石,但现在流行的是简练的款式。女孩一般在结婚或跳舞时佩戴它。眉毛上方的一圈散钻也可以叫缤蒂,表示好运。

红点:眉心点红点。跳舞时,为了增加亮度,也可用小钻代替传统的红点。如果跳表现穆斯林题材的舞蹈,只能用小钻,因为红点是印度教的象征。不跳舞的时候,通常只有已婚妇女才能点红点。

手镯:印度舞中,手势是非常重要的舞蹈语言,所以舞者很在意手镯。佩戴数量很多,最多可达 20 个。

脚镯:印度舞中有许多跺脚的动作,要有脆响的声音,又有急促的节奏,所以脚镯很重要。据说有舞蹈家经过训练可以只动脚上的一块小肌肉,使得只有一个脚铃响。

手姿:印度舞的一个重要元素是手姿。手部姿态有 100 多种,每一种手姿都有特定的意义,有的代表美丽,有的代表和平,有的代表生气,有的甚至表示丑陋。印度人相信手姿是人和神交流的符号,而不同的神喜欢不同的手姿。

微笑:舞蹈过程中,舞者发自内心的微笑终始如一,表达了喜悦平和的心境。

头动:头部有节奏地向左、右动。

腰动:腰部的摆动让身体婀娜多姿。

脚动:踮脚尖、踮脚跟、跺脚。印度舞脚的动作也极具表情。

眼睛:跳舞时眼睛随之转动是印度舞的精髓所在。

印度舞的手语变幻莫测。比如用手指脸的姿势表示美丽,荷花手姿是表演给神看时常用的手姿。手姿不仅表演起来令观者眼花缭乱,花样繁多的手姿还反映了表演者活跃的思维,是一种真正的脑部锻炼,可谓"心灵手巧"。

跳跃的姿势代表了印度神鸟毗卡吉(Pikake)。跳跃时,注意要眼睛盯着手。这种跳跃姿势不仅好看,还能练习身体平衡能力,提高骨密度,特别是臀部和骨盆的力量。

与其他舞蹈不同,印度舞要求跳舞者常常处于半蹲的姿势。这个姿势对大腿和臀部的线条很有好处。

学习印度舞的眼神,可以使人的眼神风情万种。

提踵立脚趾,印度舞脚的动作,会让人有美丽的小腿和脚踝。

舞蹈过程中,肩膀经常要保持端平的姿势,转头的动作也会帮助保养人的颈椎。

跳印度舞时,背部一定要保持挺直。这就解释了为什么印度美人拥有全世界最性感的背。

18.2 瑜伽中的神秘符号

提到舞蹈,就不得不提一下印度神秘而有趣的瑜伽。

作者作为中印交换学者在印度尼赫鲁大学研究印度文化五年,不止一次地在印度瑜伽的发源地瑞石凯什学习,练习过瑜伽,向瑜伽大师求教过,同时阅读过一些有关瑜伽的书籍。简单谈一下作者对瑜伽的认识。

瑜伽在梵文中是"融合"、"和谐"、"联合"、"合一"的意思。它讲究通过修炼摆脱世间的烦恼,达到自我解脱,进入"梵我合一"的思想境界。印度著名的两大史诗之一《摩诃婆罗多》中就有如何修炼瑜伽的详细记载。印度教、佛教、耆那教都讲究自我修炼。印度教的大神、大仙、苦行僧的主要功行就是修炼瑜伽,印度教苦行僧的祖师湿婆大神就是在喜马拉雅山的凯峡石圣山(现在位于西藏阿里的冈底斯山的主峰冈仁波钦峰,许多印度教教徒不远千里翻越喜马拉雅山到此朝圣)进行数千年的修炼。爱神为了破坏湿婆的修炼,派雪山女神帕尔瓦蒂来诱惑他,湿婆勃然大怒,睁开长在额头正中的第三只天眼,喷出熊熊火光,把爱神化为灰烬,在爱神妻子的哭求下,湿婆心生怜悯,让爱神复活。佛教世尊释迦牟尼就是在六年静修之后,最后在当时印度摩揭陀国的尼连禅河边洗净一身的污秽,坐在河边附近的菩提伽耶(当今印度比哈尔邦)的毕钵罗树下悟道成佛的。和释迦牟尼几乎同时代的耆那教创始人大雄,在恒河沿岸的古迦尸(今佛教、印度教、耆那教三教圣地瓦腊纳西,佛祖初转法轮处的鹿野苑就在该城以西约 7 千米处)一带修炼十余年,悟出耆那教。印度的苦行僧往往在深山密林、圣河、圣湖边上,屏息静气,打坐静思,忘记自我,以达到灵魂的超脱。

　　根据成书于公元 450 年钵颠舍利著的《瑜伽经》规定,修炼瑜伽就是制止思想活动。修炼的方法有:禁制,劝制,坐法,调息,制感,执持,静虑和等持。禁制是修行者必须遵守的规定(戒律),共有五条:不杀生,不欺诳,不偷盗,不淫,不贪。劝制是应该奉行的道德准则,即清净、满足、苦行、学习与颂神。坐法是修行时保持身体的安稳,姿态轻松自如,这样有利于外界的干扰。调息是坐法完成后对呼吸的调节和控制,即注意调节呼吸时气息活动的内外范围、呼吸的间隔时间与停顿的次数等。制感是对身体的感觉器官进行控制,使它们与相应的感觉对象脱离接触,这样,心就不会受到外界干扰。执持是在修行时心注一处,即把心贯注在任选的某物之上,使之凝定而不散乱。静虑是上述执持状态的进一步发展,即心持续贯注在禅定对象上。等持即三昧,是修持的最高阶段。这时,静虑的对象发出光辉,心与禅定的对象合二为一,主观意识犹如完全不存在。瑜伽有大致五个学派。第一派:格尔玛瑜伽(Karma Yoga),即"行为瑜伽",主张修炼者需乐善好施、清心寡欲。第二派:杰恩瑜伽(Jnana Yoga),即"知识瑜伽",强调悟性,修炼者需透悟和理解周围的世界。第三派:拉贾瑜伽(Raja Yoga),即"王瑜伽",讲究静坐独思。第四派:哈特瑜伽(Hatha Yoga),即"手瑜伽",认为除了静坐调息还可以起身站立,手脚全动,做出各种各样的动作。印度拉加斯坦邦首府斋普尔博物馆展示修炼的姿势竟然有金鸡独立、倒挂金钟等 500 种。第五派:帕克蒂瑜伽(Bakti Yoga),即"虔敬瑜伽",宗旨是修炼者只讲奉献,不谈索取。

　　由此看来,瑜伽表面上是一种强身健体、健美的体育活动,实际上是印度的一种哲学思想。哲学思想是瑜伽的理论基础。国内方兴未艾的瑜伽运动实际上只是瑜伽五大学派中的哈特瑜伽，即"手瑜伽"。

印度西北部北查尔邦的瑞石凯什，印度东部位于尼泊尔的哈瑞德瓦尔，锡金和中国西藏交界处的大吉岭是修炼瑜伽的圣地。瑞石凯什被誉为"天门"，恒河流下喜马拉雅山从这里进入恒河平原。它背靠雄伟的喜马拉雅山，面朝广阔的恒河平原。恒河之水圣洁无比，玉液琼浆，清澈迷人。一座座高大的湿婆塑像耸立在河岸。每天清早，东方朝霞映红圣山时，可以看见无数的苦行僧、印度教教徒或在圣水中沐浴，或沐浴着从喜马拉雅山吹来的和煦山风，打坐在河边修炼瑜伽。从无数座庙宇里传来神圣而和谐的钟声。这里是印度瑜伽的发源地，世界各地的人到这里来学习瑜伽。从瑞石凯什沿恒河往东约40千米就是哈瑞德瓦尔，恒河水从这里被无数条渠道引向广阔无垠的恒河平原。这里也是学习瑜伽的好去处。大吉岭在喜马拉雅山东端的腹地，从这里可以看见巍峨的雪山干城章嘉峰，在天气晴好时还能看见高耸入云的珠穆朗玛峰。这里松涛滚滚，山风阵阵，瀑布飞挂，就是仙人境地，是修炼瑜伽的最好地方。

"手瑜伽"只是瑜伽的初级阶段，而到了高级阶段，则是像苦行僧和大仙一样进入"调制呼吸"和"抑制感官"阶段，这是瑜伽的高级境界。印度教经典《白骡奥义书》对此作了说明。修炼的具体方法是：第一，修炼者选择一个土地平坦、环境幽雅、远离喧嚣的地方。第二，就地盘膝打坐，双目闭合，身体挺直——胸、颈、头三部分端正笔直；然后感官和意识脱离与外界的接触，摄入于心。第三，调节体内气流运动，使用鼻孔，减弱呼吸；犹如御者，驾驭野马，瑜伽行者，控制心意，勿使放逸。第四，潜心静虑，集中思维，到了一定程度，便会在定境中出现某些自然现象如日月星光、风火水气、烟雾荧光等，自觉身体轻松，颜脸光洁，声音悦耳，气味馨香。

瑜伽在印度是一项普遍的运动，但它在印度有很浓厚的宗教意味。在练习瑜伽前要向神做祷告，然后开始练习。在清晨，在环境幽雅的地方，如森林里、溪水边到处可见瑜伽修炼者，盘腿而坐，双目紧闭，潜心静虑，令人肃然起敬。有些人修炼到了神奇的地步，作者亲读当地报纸上的图片消息，一位修炼者数月修炼，身子不动，上身埋在土里，肚子上竟然长出麦苗般的

印度苦行僧修炼瑜伽

杂草。还有更神者,让人下葬般地埋入土里,数日后从土中挖出,竟然安然
无恙。根据作者的理解,他们之所以能达到如此高的境界,很重要的原因就
是把体内的气流运动和心意控制到了最佳程度。

因而修炼瑜伽不是简单的强身健体,而且只强调动作是不够的。修炼
瑜伽的人应该首先修身养性,有道德和品行修养,心平气和,豁达,与人为
善,助人为乐,心胸开阔,不斤斤计较,即所谓"欲练身,先练心"。

18.3　绘画和雕刻中的神秘符号

印度的绘画和雕刻艺术作品中也充满了神秘的语言符号,这些符号映
射着印度悠久的文化和历史,向人们讲述着神话传说、历史故事和风土人
情。透过这些艺术作品,我们能够发现印度艺术的本质,能够发现印度文化
的精髓所在,能够发现印度的精神所在。

"从次大陆最初的艺术活动时期开始,印度艺术家心灵中独特的审美
天赋便借助色彩和造型,着重表现其内在的体验,而不在意他们见到的任
何外在形象。艺术创作的意图不在于观察和记录视觉经验即真相,而在于
万物赏心悦目的表象下潜在的精神幻象即灵气。印度艺术虽与其他艺术一

样都是'真实的',但在表现印度人的心灵方面却不同,印度艺术追求视觉形式及其内在的本质联系。印度艺术的理想是精神性和情感性的,而世俗性和理性的东西居于从属。所以,与古希腊人不同,单纯摹绘人体的完美在印度鲜能得到赞誉。联想与象征已成为印度艺术家创造性表现方式的基本语言。"[1]

毫无疑问,印度的绘画和雕刻艺术是与宗教紧密地联系在一起的。《犁俱吠陀》的文献表明,在公元纪年之前的悠久年代,绘画就是宗教文化的载体,艺术在促进人类的团结和理解方面发挥着重大作用。这样的范例在孔雀王朝就可找到,阿育王是佛陀的虔诚信徒,数种佛教纪念性建筑在他统治的时期矗立起来,充满具有创造性的想象力,而名列前茅的当属桑奇大塔与阿育王石柱,一根阿育王石柱的柱头成为独立后印度国徽的中心图案,它们光可鉴人,上部为公牛、大象、狮子和马等动物的造型。阿育王石柱头上的法轮是力量、智慧、优雅、速度和灵动的象征。关于动物的象征意义有各种解释,但阿育王石柱最夺目的特征在于其所蕴涵的高度感召力,能整合人类全部哲学的主观性。"[2]

印度的阿旃陀石窟举世闻名,它是建筑、雕刻和绘画三种艺术结合的范例,被誉为世界艺术精粹之一。

阿旃陀石窟在马哈拉施特拉邦,位于一个圆形山谷下的河边,开山凿石而成。阿旃陀石窟中的第一窟为公元 7 世纪所建,是大乘佛教建筑中最光辉的典范。"窟内正前方有释迦牟尼雕像,高约三米,引人注目,从中间和左右两侧三个不同角度可以看出他的快乐、痛苦和冥想三种不同神态。拱门和六根大柱

阿育王石柱头

---

①萨米尔·达斯古普塔,芯源.意象与象征——印度绘画和雕刻的艺术传统及其特色.中外文化交流,2007,6.

②同上。

子上雕有飞天和仙女,刻画的面貌姿态各不相同,喜、怒、哀、乐表情丰富,衣服纹褶也都清晰分明。这些壁画反映了古代印度的绘画艺术成就。更值得我们注意的是,在这座石窟中,还有补罗稽舍二世、伊朗皇帝胡斯劳二世以及马利迦·希利在一起的画面,这幅画不仅是成就很高的艺术作品,而且它反映了当时印度和伊朗之间的友好关系,记载了公元7世纪时亚洲各民族间友好往来的历史,所以它既是难得的艺术珍品,又是宝贵的历史资料。"①

阿旃陀石窟

"阿旃陀石窟的绘画与雕刻虽然是为宗教服务的,但内容都以当时现实生活为基础,洋溢着浓厚的生活气息,是当时印度社会生活的写照,反映出社会的各个阶层(从统治者到所谓'贱民')的真实面貌。在表现技巧上,构图和谐紧凑,人体肌肤富于质感,线条舒展,笔法洗练,色泽鲜艳,达到了很高的艺术水平,至今为各国艺术家们所推崇,不愧为印度艺术的宝库,世界人类文化的奇迹,因此前往此地参观、考察者终年络绎不绝。"②

位于中央邦的卡朱拉荷神庙群是世界上最大的性雕塑馆,它建于公元950—1050年间,原有16个庙群,由于战争破坏,现只剩3个庙群。所有庙宇的外壁上都刻有真人般大小的雕像,反映赤裸裸的男欢女爱场面,叫许

①王树英.印度文化与民俗.北京:中国社会科学出版社,2007:234-235.
②同上,第236页。

多思想不开放的游客心惊肉跳。庙群雕刻反映各种各样的做爱方式,甚至还有人与动物性交的场面。雕像的面部表情栩栩如生,体态极其性感,呼之欲出,充分展现了印度古代劳动人民高超的雕刻艺术,不仅是印度,而且是世界雕刻艺术的瑰宝。

18.4　泰姬陵:坚贞不渝爱情的象征

印度是文明古国,其悠久的历史和灿烂迷人的文化一直为世人所称道、所迷恋,神秘著名的泰姬陵就是一个例证。

泰姬陵位于印度的亚穆纳河河畔,它华丽壮观、气势磅礴,用纯白大理石建成,精致而又美丽,式样别具风格,人们称它为"大理石的梦"、"印度的珍珠",它被人们看做是印度的象征,是印度人民的骄傲。

泰姬陵以其独特的建筑风格和魅力与我国的万里长城、埃及的金字塔、巴比伦的空中花园、罗马的大斗兽场、亚历山大墓和圣索菲亚教堂并称世界七大建筑奇观。

然而,说到泰姬陵,人们更多联想到的是关于它美丽动人的爱情故事。泰戈尔说,泰姬陵是"永恒面颊上的一滴眼泪"。与泰姬陵有关的故事是一

泰姬陵

个莫卧儿王朝帝王和王后的感人爱情故事。故事发生在 17 世纪初，当时，印度处于莫卧儿王朝的统治之下，在位的是第五代国王沙贾汗。在沙贾汗登上王位之前，他有一位美丽动人、温柔年轻的爱人，名叫阿曼·芭奴，他们很是恩爱，同甘共苦，沙贾汗对其一直宠爱有加。沙贾汗当上国王后，仍然与其相亲相爱，并赐封阿曼·芭奴为"慕玛泰姬·玛哈尔"，意思是"宫廷中的王冠"。后来，泰姬·玛哈尔陪沙贾汗南征，在为沙贾汗生第 14 个孩子的时候得病逝于军旅途中，年仅 38 岁。传说，在泰姬去世的前一刻，她向日夜守候在自己身边的国王沙贾汗提出了三个要求：一是好好抚养他们的孩子；二是沙贾汗终生不能再娶妻；三是为她建造一座举世无双的陵墓，以纪念他们之间的爱情。沙贾汗含泪答应了泰姬的三个要求。

沙贾汗是一位多情的国王，他实现了泰姬的遗愿，建造了一座世界上最壮观、最美丽的陵墓——泰姬陵。据说，当时沙贾汗请来了印度、波斯、土耳其等地的建筑师，同时，他为了把陵墓建得珠光宝气、富丽堂皇，还不惜重金从世界各地买来最好的建筑材料乃至珍珠、宝石等，共动用了两万个劳力，花了二十二年的时间，才完成了这座世界上空前壮丽的陵墓。所以，人们说，泰姬陵不仅是印度的劳动人民，也是许多国家的劳动人民智慧的结晶。

沙贾汗是位对爱情忠贞不渝的皇帝，在泰姬陵修建好以后，因为对泰姬的思念，泰姬陵也就成了他魂牵梦绕的地方。

据说，他本想要在亚穆纳河对岸完全按照泰姬陵的样子，用黑色大理石为自己建造一座陵墓，并且在河上架起桥梁，使之与泰姬陵相通，以求与爱妻泰姬生死相依。但是，因为沙贾汗挥霍国库，奴役黎民营造工程浩大的泰姬陵，导致了民怨沸腾；也因为一心沉溺于为爱妻修建陵墓，荒废了朝政，就在泰姬陵刚完工后不久，其三子就拭兄杀弟，篡夺王位，并把他囚禁在阿格拉古堡。古堡位于泰姬陵不远处，古城堡上有一个八角亭，是观赏整个泰姬陵最好的地方。据说，在沙贾汗被儿子囚禁在这个地方后，他整天总是呆呆地坐在亭子里面，凝望着妻子的陵墓，回忆着他和泰姬恩恩爱爱的美好时光。最后也是在这个亭子里，抑郁而死。也有一种说法，说"古堡走廊柱子上有一块能反映出整个泰姬陵形影的水晶，满心凄凉的沙贾汗于是成天凝望着它,最后抑郁而死。死后附葬进了泰姬陵,到底遂了他与泰姬生死相依的愿"。①

不管沙贾汗是在古堡中的哪个位置看见泰姬陵的, 或者是怎样看见的,都不重要。重要的是泰姬陵是沙贾汗与泰姬忠贞不渝爱情的见证。"泰姬陵因爱情而生,这段爱情的生命也因为泰姬陵的光彩被续写,光阴轮回,代代不息。尽管有人说,沙贾汗只是一个好大喜功的暴君,根本不是多情种子……但泰姬陵依然超越着简单的建筑学意义, 默默地美丽着,不为别的,只为人心中那一点对爱情的美好向往。"②

泰姬陵整体呈长方形,东西长约 580 米,南北长约 305 米。它的主体建筑和附属建筑全都是对称的,具有独特的建筑风格和魅力。陵墓里边和外边的墙上,有许多用各种颜色宝石镶嵌成的精致图案。泰姬陵的中央是一座白色大理石的正方形台基,台基上是一座白色大理石的圆顶寝宫。在每块大理石接缝的地方,还镶嵌了一条很细的黑色大理石,大理石黑白相间,构成了一幅美丽的图案。泰姬的墓在大厅中央,沙贾汗的墓在大门后部的右侧,陪伴着泰姬。

在陵宫外的四角,矗立着四座同样质料的石塔。据说,若仔细观察,就会发觉石塔是略微朝外倾斜的。传说这也是沙贾汗特别设计的,因为他害怕随着时间的流逝,石塔可能会倾倒,为了避免石塔朝内倒塌,压到陵墓,惊扰爱妻,所以使其向外倾斜,这样即使倒了也不会压倒陵墓。

因为泰姬陵全都是用纯白色大理石砌成的,所以无论在白日的阳光下或是在夜晚的月光下,都显得洁白晶莹。而且,在一天当中,随着阳光的变化,照在陵墓上的光线和色彩就会随着变化。在阳光的照射下,泰姬陵就像一座洁白晶莹的雪山冰峰;在淡淡的月光下,观看泰姬陵就好像进入了梦幻般的诗境。

所以,人们说,要真正领略泰姬陵的迷人风姿,应该分时间段多参观几次:可以选择晴天的黄昏时刻去,那时,夕阳似火下的泰姬陵金光闪闪,雄伟壮观;也可以是曙光初照之际,泰姬陵显得更加明媚,与传说中的泰姬一

①伟丽.我们周围的世界.成都:四川人民出版社,1997:208.

②王星凡.一生要去的 50 个地方.北京:中国纺织出版社,2006:239.

印度神秘符号

样美丽动人,令人叹为观止。有人曾这样描述泰姬陵的美丽绝伦:"每天朝霞初起时,一轮红日伴着亚穆纳河上笼罩的晨雾,泰姬陵自香梦沉酣中苏醒,静温安详。也许正是历经了百年的风雨,才能有这般的泰然自若。中午时分,泰姬陵头顶蓝天白云,脚踏碧水绿树,在南亚耀眼的阳光映衬下,更出落得光彩夺目。傍晚是泰姬陵最妩媚的时刻,当夕阳西下时,白色的泰姬陵从灰黄、金黄,逐渐变成粉红、暗红、淡青色,随着月亮的冉冉升起,最终回归成银白色。在月光的轻拂下,即将安寝的泰姬陵清雅出尘,美得仿佛下凡的仙女。"①

关于泰姬陵的设计及建筑风格问题,人们说法不一。据史料记载,参与这座陵园设计和建造工作的建筑师和工匠来自中亚各地与印度、波斯、土耳其和欧洲国家,而且,从泰姬陵的整体构造来看,它的确融会了多种建筑风格。

有些人认为泰姬陵的建筑风格完全是波斯、伊斯兰风格的,而且是在沙贾汗时期建造,其主要设计者是波斯人,与印度人无关,这种观点被大多数人接受。"另一种是欧亚文化结合观点,英国的印度史学家史密斯提出,泰姬陵是欧亚两洲建筑艺术结合的产物。当时欧洲正处于文艺复兴时期,一些著名的建筑大师如意大利的吉埃洛米莫·维洛内奥、法国人奥斯汀·德·博尔多都参加了泰姬陵的设计,因此泰姬陵具有西方的艺术风格。第三种是印度主体艺术观点。这种说法是由印度著名的史学家马宗达提出的,他认为在研究泰姬陵的艺术风格时,不应该忘记印度本身的因素。事实上泰姬陵同莫卧儿王朝的胡马雍陵墓在建筑风格上体现出一种承袭关系。其次,泰姬陵在建造过程中使用了最能代表印度艺术风格的纯白大理石,并在其上镶嵌宝石,这种工艺风格是印度艺术中的典范。因此不能把泰姬陵的设计和建造完全归功于伊斯兰艺术的影响。此外,由于当时的莫卧儿王朝已经对西方开放,西方艺术的某些因素自然会溶入印度的建筑中来。因此马宗达认为泰姬陵是以印度艺术为主体,又融合了中亚伊斯兰和西方的

---

①王星凡.一生要去的 50 个地方.北京:中国纺织出版社,2006:239.

某些艺术因素而建成的。"①有一种更为新奇的说法，是英国学者奥克提出的，他认为泰姬陵是一座印度教的神庙圣殿，并非沙贾汗所建造，他的观点使人们对泰姬陵建筑风格的争论变得更加复杂。

但是，无论事实是怎样的，如今的泰姬陵都是印度文化中一颗璀璨的明珠。凡是参观过泰姬陵的人，无不赞叹其宏伟与壮观，无不感叹沙贾汗对泰姬的用情之深。在世人眼中，泰姬陵就是印度的代名词，它透射出的是印度文化无穷无尽的魅力，只要去了印度，无论多忙，都会抽时间去瞻仰一下这座举世闻名的爱情丰碑。

除以上提到的之外，还有很多值得一提的绘画和雕刻艺术作品。如：距离孟买6千米远的阿拉伯海上象岛石窟的湿婆三面像，象征着湿婆是一位至高无上的大神；还有一些女性形象的雕刻品则展现了神母黛微的威严与神秘等。

18.5 文学作品中的神秘符号

一、《吠陀经》

《吠陀经》是印度最古老的宗教文献和文学作品的总称，内容涉及社会、经济、政治、宗教、文学、风俗习惯和法律规范等。《吠陀经》是婆罗门教的经典文献，也是婆罗门教法的基本渊源，被雅利安人视为圣书。

《吠陀经》主要是叙事诗风格的宗教文学作品，不但记载了古代印度的神话，而且也记录了许多宗教仪式、祭祀、音乐、舞蹈以及建筑方面的内容。因此，《吠陀经》里面有着丰富多彩的符号元素，对于非印度人来说，这些符号是神圣又神秘的。据说，《吠陀经》不是由人创作出来的，它被称为《天启经》，因为印度教传统认为，《吠陀经》是至尊主本人发出的，它是永恒的存在。《吠陀经》又称 *Shruti*，意为"需要听会的圣典"，因为人们认为它太神圣，只能默记。《吠陀经》有四部：《梨俱吠陀》《娑摩吠陀》《耶柔吠陀》和《阿闼婆吠陀》，被称为"四大吠陀"。四大吠陀中以《梨俱吠陀》最早，其他三卷皆

①徐家玲.千古疑案　世界历史文化之谜.长春:吉林文史出版社,2003:43-44.

是《梨俱吠陀》的派生作品。

《梨俱吠陀》，又译为《荷力吠陀》等，意思是"赞诵明论、作明实说"。《梨俱吠陀》是最古老的印度教圣典。《梨俱吠陀》能够帮助我们更深地认识那个时期的社会、政治、经济及宗教生活。《娑摩吠陀》，意思是"平等、歌咏明论、作明美言、礼仪美言智论"。《娑摩吠陀》是苏摩祭等祭祀中，歌咏僧所唱赞歌及其歌曲之集成，乃祭祀用之圣典。《耶柔吠陀》，意思是"祠、祭祠、作明供施、祭祀智论、祭祀明论"。主要由两大部分内容：一部分由真言组成，也就是《黑色耶柔吠陀》；另一部分由散文或评注组成，称为《白色耶柔吠陀》。《吠陀经》的最后一部是《阿闼婆吠陀》，意思为"禳灾明论"，它是招福、诅咒、禳灾等知识的集成体。

《吠陀经》中记录了各种圣歌、宗教、礼仪、风俗、思想和哲学，在这些内容里，都有印度教神秘符号的影子。随着时间的推移，奥义哲学理论越来越丰富，尤其是各种神秘符号，从早期的《歌者奥义》到较晚一些的《慈氏奥义》，神秘符号也渐渐形成了系统。

《吠陀经》里的神的形象就是神秘符号的典型。如保护大神毗湿奴有四只手，第一只手持的权杖象征知识就是力量；第二只手持的法螺象征存在之源；第三只手持的法轮表示消灭无知以及邪恶；第四只手持的莲花象征美丽纯洁。胸前佩戴的玉石代表唤醒人们意识的光明。再如毁灭大神、苦行僧形象的湿婆手里拿的三叉戟，代表四种形象。第一代表大自然的三个方面：光明（sattva）、阴暗（rajas）和黑暗（tamas）；第二代表三种功能：创造、保护和毁灭；第三代表雷电，因为湿婆是暴雨之神；第四代表湿婆惩治作恶者的公正形象。还有，创造之神梵天的配偶、辩才天女萨拉斯瓦蒂的坐骑天鹅象征要从生活经验中筛选知识。另一个坐骑孔雀象征自我，因为人们必须时刻克制自己。她一只手里拿的念珠，强调祷告的重要性；一只手拿贝叶书，表示知识是人们的精神支柱。她的一袭白衣象征知识的纯洁性，因为吠陀传统把知识同白色联系在一起，她把力量和知识送给她的信奉者和她喜欢的人。她眉毛上的月牙同生存之根本水联系在一起。

二、两大史诗

印度最大的两部古典史诗出现，一部是《罗摩衍那》，另一部是《摩诃婆罗多》，它们是世界上最伟大的两部叙事诗。

《罗摩衍那》是最古老、最受欢迎的印度史诗，也可以翻译成《罗摩的生平》或《罗摩传》，描写的是毗湿奴的化身罗摩的故事。《罗摩衍那》最初是口头流传的民间文学作品，是蚁蛭用诗体形式记录整理出来的。《罗摩衍那》以罗摩救妻子悉多的故事为主线，生动地讲述了惊心动魄的战斗故事，也穿插了许多神话故事。可以说，《罗摩衍那》是雅利安人战胜非雅利安人的冒险和狂欢故事，是印度叙事诗的经典之作。该史诗第一次创造出不同的印度神祇，这些神祇表现并演化出许多教派和符号。

另一部伟大的史诗就是《摩诃婆罗多》，篇幅比《罗摩衍那》长，是世界著名叙事诗中最长的一部。传说它是由毗耶娑所创作的。《摩诃婆罗多》中记载了很多神话传说和寓言故事，还有一些描述是关于当时生活中的宗教仪式和规则、哲学和政治生活等。有人说它是英雄的史诗，也是当时社会、历史和文化的百科全书。

印度两大史诗和神话传说中的诅咒也是一种神秘符号。《摩诃婆罗多》里的诅咒很奇特，世界其他史诗很少像印度史诗那样处处有诅咒。没有王权或政治权力的婆罗门或仙人，由于不能用武器打敌人，只好用诅咒作为武器对付敌人，凡诅咒必应验，必能达到诅咒的效果，因而被诅咒者会求诅咒者全部或部分地解除诅咒。在印度《摩诃婆罗多》里，收回诅咒的例子很少，只有部分解除诅咒的例子，因而咒语一旦发出就不能收回。

在《摩诃婆罗多》里有两个例子。一个例子是，一个婆罗门正在打坐，突然一只白鹤的鸟屎掉到了他的身上。婆罗门气疯了，用恶狠狠的眼睛瞪着白鹤，白鹤一下子掉到地上死了。另外一个例子是，在《妇女篇》里，俱卢战争后，坚战来看他的伯母、瞎子持国王的王后甘陀利。甘陀利愤恨之极，眼睛像毒箭一样盯着看坚战的指甲，甘陀利内心诅咒的力量竟然使得坚战的指甲变形。

《罗摩衍那》里面几乎每一个关键情节都涉及命运的诅咒。一开始先是十车王在生子时得罪某路神仙而被诅咒,然后罗摩王子因为戏弄恶魔婆罗多的妹妹,遭到诅咒导致妻子被抢走,在战胜恶魔之后,罗刹国的妇女又因为丧夫之痛,而诅咒罗摩的妻子悉多。一环扣一环,命运永远是起起伏伏的,幸福的背后紧随着悲伤。

根据《罗摩衍那》的故事,印度古代有个著名的国王名叫般度,他有两位妻子,一位名叫贡蒂,另一位名叫玛德利。般度过得幸福快乐,嗜好打猎。有一次,他用箭射死了一位名叫金陀罗的牟尼(仙人)。当时这位牟尼化身为鹿,正在与妻子交欢。牟尼在奄奄一息之际,诅咒般度说:"你轻率鲁莽,杀死了我。你也会跟我一样,在与妻子交欢时死去。"般度受到诅咒后,心怀恐惧,抛弃欲乐,在二位王后的陪伴下,住在清静的净修林。即使在那里,有一次,在咒语的驱使下,他突然抑制不住自己的情欲,与妻子玛德利交欢,结果死去了。

我们之所以认为诅咒是一种符号,从另外一个意义讲,诅咒象征着每个人要为自己所犯的错误或者罪恶付出代价,之所以每个诅咒必然应验,表明这种代价是必然的,象征印度教善恶报应的思想。

三、神话与生活

印度的神话传说经久不衰。中国也有神话传说,而且同印度神话一样,都是人类文学宝库中的璀璨明珠。但随着岁月的流逝、社会的发展以及科学的进步,中国的一些神话传说已被人们逐渐淡忘,甚至遗忘;而印度神话却与众不同,它随着社会的发展而保留延续下来了,更神奇的是,到如今,它依然影响着现代人的日常生活。

恒河,印度的圣河,与神话有着千丝万缕的联系。根据印度教神话,世间所有生命起源于水,宇宙之主梵天就是从水中漂浮着的一枚金卵中诞生的。梵天诞生后,将金卵一分为二,一半是天,一半是地,宇宙就这样诞生了。可以说,是水养育了神,是水给了人类生命的开始。

恒河象征着孕育生命的母体。印度神话中,毁灭之神湿婆把阳物撒入恒河,生出战神塞建陀。国王马提那连续12年在恒河支流萨拉斯瓦蒂河边祭祀,河流化作女神与国王结合,生出儿子坦苏,坦苏的后代福身王,以虔诚、慈悲、谦恭、坚定和果敢著称。他在恒河边遇见化身为凡人的恒河女神，为她的美貌所倾倒，于是向女神求爱，愿意将国土、财富乃至生命献出，以获得女神的爱情。恒河女神为之动心，答应了福身王的求爱。婚后生活十分美满，二人生下以后在俱卢战争中成为大英雄的毗湿摩。

印度神话把恒河看成是天上的银河降落凡间，可以使人死后骨灰得到净化，灵魂得到拯救。因而恒河象征罪恶的洗涤剂。萨羯罗是传说中阿逾陀国王，他与妻子须摩底生一葫芦状的东西，内有6万颗种子，在装有牛奶的容器里长出6万个儿子。这6万个儿子长大后到处寻衅闹事。一次，萨羯罗举行马祭，祭马失踪，萨羯罗命令这6万个儿子去找。梵仙马在吃草，他们把正在闭目修炼的仙人迦毗罗当成盗马贼寻衅，被迦毗罗眼中冒出的神火化为灰烬。萨羯罗的孙子鸯输曼请求仙人宽恕，使他们的灵魂升入天界。仙人预言，只有鸯输曼的孙子才能实现这个愿望。后鸯输曼的孙子跋吉罗陀修行千年，请求众神允许天上的银河降临人间，使其6万个祖先的骨灰获得净化。湿婆大神担心降下的圣水会毁灭世界，以自己的头部接受恒河的冲击，于是恒河通过他迷宫似缠结的头发蜿蜒流转了数万年，最终舒缓地流到了地面。跋吉罗陀的6万个祖先的骨灰得到净化，灵魂得到拯救，升入天界。这就是恒河沐浴和死后愿意把骨灰撒入恒河的来源。

印度神话认为在恒河沐浴可以使人返老还童，青春焕发，由丑变美，把瞎眼复明。它又是返老还童神水的象征。神话故事里行降仙人和妙姑的故事充分说明了这点。行降仙人在恒河边苦修，不吃不喝地坐在林子里打坐，身上逐渐被土埋住，长出了青藤，鸟在上面做窝。有一天，芦箭王和家人去林子野餐，他羞花闭月的妙龄女儿妙姑看见青藤上有一堆明亮闪光的东西，便好奇地拿树枝去捅，不料那正是行降仙人的眼睛。树枝捅瞎了仙人的眼睛，仙人大怒。国王和公主明白过来后痛悔不已，请求仙人谅解，但仙人说得到原谅的唯一条件是把妙姑嫁给他。但行降仙人又老，又丑，现在又成了瞎子，如花似玉的公主岂肯屈就？于是仙人诅咒王室的人和百姓大小便不通。为了拯救国家，妙姑只好牺牲自己的美丽和青春嫁给了老、丑、瞎的行降仙人。不过婚后老少夫妻恩恩爱爱，矢志不移。有一天，妙姑在恒河边碰见孪生神美少年双马童，双马童被妙姑的美丽惊呆了。当他们知道妙姑嫁给了老、丑、瞎的行降仙人后，便替妙姑鸣不平，但他们可以使行降的眼睛复明，变得和他们一样，年轻英俊。然后他们与仙人公平竞争，由妙姑从他们三人中挑选一个。仙人同意。于是双马童和仙人同时浸入恒河水中，等到冒出水时，变成了三个一模一样的美少年。妙姑靠着仙女的帮助，从中认出了自己的丈夫行降仙人，既保住了贞洁又使丈夫成了美少年，成了天造地设的一对恩爱夫妻。

　　印度教的种姓制度对印度教教徒的影响是多方面的，是深刻的，也是根深蒂固的，而印度教教徒一直承认这种阶级划分也是源于神话传说。当然，大多数认为，把种姓制度归因于神只是雅利安人的托词而已，种姓制度其实是雅利安人用来区分自己和当地居民的手段。但因为有了这层神的外衣，信徒们选择了相信，相信种姓制度的确是神的旨意，所以很多人愿意服从《摩奴法典》中的一切规定，这种服从一直持续至今。

　　雅利安人编造神话象征来说明种姓制度的合理性。吠陀颂诗中的一首关于"原人"（大神梵天）的诗歌，就提供了四个种姓形成的神圣根据：原人的口变为婆罗门，他的双臂变为刹帝利，他的双腿变为吠舍，他的双脚变为首陀罗。这里，口象征婆罗门宣传《吠陀经》，掌管人的精神生活；双臂象征武力、战争和王权，刹帝利就是专门从事打仗、掌握政权的人；双腿象征辛勤劳作，创造供人消费的物质，吠舍专门从事农业、商业等，给其他种姓提供赖以生存的东西；双脚象征最底层、服务和肮脏，首陀罗就是社会最底层的人，他们为其他种姓的人服务，干脏活累活。

　　种姓制度使得不同等级的人心甘情愿地聚集在诸神的脚下，从古至今，一代又一代地顶礼膜拜。从生到死，每一天都在沐浴、敬拜、祭祀，每一天都在祈求神的恩赐、神的保佑，每一天都是与神紧紧地联系在一起，人的生命与神的生命同样重要、息息相关。

　　也因为神话传说，人、神和物之间没有了明确的界限，人们敬拜神，敬拜神化了的动物、植物以及其他的事物。这种敬拜和崇拜根深蒂固，影响深刻而久远。

19 衍陀罗——密教象征符号

"印度密宗起源于古吠陀典籍,其后流行于民间各阶层。佛教在长期发展过程中,逐渐渗入民间信仰,并受此等咒术密法之影响,加以摄取,作为守护教徒、消除灾障之用,古来通常称为杂密。密宗并将吠陀以来之诸神,用交换神教方式重新组织佛教,而出现许多明王、菩萨、诸天、真言咒语。"[1]

密教中的衍陀罗(yantra)是一种复杂的图案。衍陀罗虽然多种多样,但它们的一个基本特点是:用莲花图形或三角图案,或是二者兼用以代表女阴。在大多数衍陀罗中我们也会看到围绕在中心女阴表象四周的一根蔓藤图形。这种蔓藤称为劫波罗里迦(kalpalalika),意为产生希望之藤。实际上,密教衍陀罗图案中的莲花或蔓藤并不是什么奇情异想,它与原始的丰收女神一脉相承。从原始的意义上说,密教对于女阴的崇拜和围绕女阴而举行的修行仪式,都基于女性生殖与自然的繁殖力之间的密切关系。[2]

"密宗瑜伽(Tantra Yoga),千年师徒的秘密传承,着重于开发生命能量,超越凡人境界的修炼。密宗瑜伽的特色为复杂的曼陀罗图案(Yantra)、详密的宗教仪轨、不对外公开的内容、利用性能量引出生命能量的修炼法、变换物质的练法、利用尸体的修炼法、太阳能修炼法等等。约七千年前湿婆大神创立了完整身、心、灵锻炼的体系——密宗(Tantra)。'Tan'意为'扩展','Tra'意为'心灵的解脱'。因此密宗就是一种让人从束缚中得到解脱的锻炼,同时它也是有限与无限间的桥梁。它并非宗教,亦非迷信,更不是乌托邦徒托空言的道理。密宗百分之九十是实践的科学,理论是为验证、支

---

①百度百科.baike. baidu. com/view/6258. htm.
②石海军.爱欲正见:印度文化中的艳欲主义.重庆:重庆出版社,2008.

持实践而存在的。它的本质是战斗,人需经由内而外的战斗,以意志力来控制其世俗行为和表现,由内在的战斗来克服心灵所有的弱点,以灵性直觉的力量来唤醒和提升生命沉睡的无限潜能。最后挣脱一切的束缚而达到至上的喜悦和解脱。"①

①百度百科.baike. baidu. com/view/1128394.htm. 2010-9-1-1.

印度神秘符号

184

20　其他神秘符号

一、原人与梵天

在《梨俱吠陀》中讲到了原人的故事,原人是一个有 1000 个头、1000 只眼和 1000 只脚的男人。原人创世说和他与种姓制度的渊源与梵天颇为相似。

首先是原人创世的故事。

据说,众天神均来自于他的身体。原人被切成碎片,整个宇宙就从原人身体的这些碎片中被创造了出来。其中,他的头变成了天,他的脚变成了大地,他的肚脐则变成了人类赖以生存的空气,他的眼睛形成了太阳,他的灵魂变成了月亮,他的嘴变成了诸神之王因陀罗和火神阿耆尼,他的呼吸创造了风神伐由。

在印度教神话故事里,我们最熟悉的还有梵天创世之说。梵天是万物的始祖,他是世间万物的创造之神。梵天是从一枚在水中漂浮的金卵中诞生的。传说,这枚金卵不知在水中漂流了多长时间,终于,蛋壳裂开,宇宙之主梵天就从中诞生了。梵天将蛋壳一分为二,一半成了苍天,一半成了大地。然后,他又造出天地间的空间,造出八个方位,确立了时间的概念,宇宙就这样形成了。宇宙形成后,梵天发现整个世界只有自己一人,倍感孤独,于是就在心头闪念之间,生出了六位伟大的造物主。就这样,代代相传,众天神逐渐诞生了。

其次是种姓制度的来源问题。

根据印度教传说,古印度的四个社会阶层,即种姓制度也是源自于原人,即原人将社会划分为四个等级。具体划分是:最高种姓婆罗门来自他的嘴,刹帝利来自他的胳膊,吠舍来自他的大腿,首陀罗来自他的脚。

然而,也有很多人认为印度教种族体系的来源是梵天,每个阶层所对应的身体部位与原人相同,即:婆罗门来自梵天的嘴,刹帝利来自梵天的胳膊,吠舍来自梵天的大腿,首陀罗来自梵天的脚。

在《奥义书》神话故事中,原人和梵天是有一定联系的。

二、劫波(Kalpa)

劫波,也翻译为"劫簸",简称"劫"。这儿要说的劫波与梵天有关。前面提到了梵天创世之说,梵天是从一枚金卵中出来开始创世的。根据印度宇宙哲学的说法,梵天经历的时间概念和人类的是不同的。据神话传说,梵天生命中的每天,或每个劫波,等于 432 亿个地球年。每当梵天的白天结束时,他就要睡觉,而且他的白天和夜晚是一样长的时间。当梵天睡觉的时候,宇宙就处于混沌状态,在他醒来后,又要重新开始创造世界,建立新的宇宙体系。

根据神话传说,每个劫波可以分成 1000 个摩诃尤伽(mahayugas),即"大时代",而每个大时代又被分成 4 个时代,每个时代的特征都很明显。这4 个时代分别是:

克利塔尤伽时代(Kritayuga),黄金时期。这是个最优秀的时代,这个时期的人类是最优秀的,品德高尚,人们的生活也是最富裕、最幸福的,人们崇拜的是一个白神。它的持续时间约为 1728 千年。

接下来是特莱塔尤伽时代(Tretayuga),即三分时期。到这个时代,人类原有的优秀品德会丧失四分之一,生活并不是十分安宁,但人类仍然会做好自己的本分。这个时期他们崇拜的是一个红神。这个时代会持续 1296 千年的时间。

再就是德瓦帕拉尤伽时代(Dvaparayuga),即二分时期。到这个时代,人类原有的优秀品德会丧失一半,不诚实出现了,人们的生活不再是宁静的,往往相互争吵。但总的来说,大部分仍然会规规矩矩地做人做事。这个时代会持续 864 千年的时间。

最后是迦利尤伽时代（Kaliyuga），即黑暗时期。到这一阶段，人们的品行差到了极致，几乎每个人都不再善良，不再诚实。自然灾害频繁，统治阶级残酷压迫被统治阶级，人们的生活惨不忍睹。这个时期受崇拜的神是黑色的。这个时代会持续432千年的时间。

根据印度教神话，在迦利尤伽时代即将结束的时候，湿婆会骑着他的白马出现，万事万物都会被毁灭，真个宇宙会为再一次新生而作准备。

据说，在大时代结束的时候，梵天也会死亡，而一个新的轮回将会被一个新的梵天来完成。

三、数字"0"

数字"0"是印度人发明的。在人类古代文明进程中，数字"0"的发明无疑具有划时代的意义。"0"是数字中最重要和最具有意义的数，有了"0"，不仅使记位数字的表达简洁明了，使得数学运算简便易行，而且从"0"的概念出发，发展出逼近零的无穷小数从而产生导数，进而产生微分和积分。没有"0"，便没有现代数学，也就没有在此基础之上建立的现代科学。

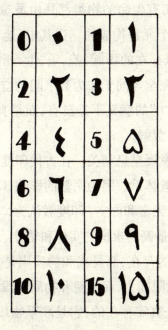

数字"0"起初是一个小圆点"·"

在阿拉伯数字被发明以前，是没有 1、2、3、4、5、6、7、8、9、0 这十个数字符号的。在那个时候，人们一般都是用细绳系结的方法来记数，如：一个结表示 1，两个结表示 2，10 个结为一摞等。这种方法比较简单明了，但如果数字很大，这种方法就显得心有余而力不足。慢慢地，罗马人发明了罗马数字：I 表示 1，II 表示 2，V 表示 5，一直到 M 表示 1000 等等。用这种方法来记数比较方便，但是如果用它们来进行运算，还是不方便。罗马人发明的记数法里是没有"0"的。

在印度，"0"这个符号是到了笈多王朝（公元 320—550 年）时期才出现的。公元 4 世纪，印度人完成的数学著作《太阳手册》中，开始使用"0"这一符号，只不过当时是实心的小圆点"·"，后来，小圆点演化成为小圆圈"0"。

就这样，慢慢地，"0"在古印度的乐土上扎下了它的根，并在意义上发生了重大改变。它不再单纯表示"空位"标记，而成为能参加运算的真实的数，与其他 9 个数具有相同的地位。"0"这一符号的发明体现了人类思想的巨大变革，它与当时的印度文化是紧密关联的，可以说是印度文化的结晶。

有人推测，"0"在印度的产生与印度独特的文化和宗教有关。在传统的印度文化里，宇宙和一切有生命的物类都是由灵魂、地、水、火、风、虚空、得、失、苦、乐、生、死 12 个元素构成的。这其中，地、水、风、火是纯粹的物质，虚空是其他元素赖以存在的场所，苦、乐、生、死等是独立的精神元素。印度人发明的"0"，并不完全等同于作为数字间的空位，而是作为在正数和负数之间的真实存在。"0"的意义不是没有，而是真真切切的"有"，即"虚空"，这一点很抽象，令人费解。

宗教与印度文明的发展息息相关。在古代印度，印度教和佛教是最具有文化影响力的两大宗教体系。因为宗教的影响，印度文化向来推崇来世而轻视今生，强调人生的无常和虚空。印度教认为，"虚空"的最高境界便是"梵"。梵或梵天，是宇宙最高的永恒的实体和精神。梵和普通的灵魂、物质不同，梵是唯一的、自存的存在，而灵魂和物质则是复杂多变的；梵拥有创造、维持和毁灭一切的无限能力，而灵魂和物质则没有。梵是虚空的，但在印度教的文化中，却又是真实存在的，它是联系物质世界和精神世界的纽带。

由印度教的"梵",便可以推演出数字的"0"。因此,"0"可能是以印度文化中的"虚空"与"梵"的概念为思想基础而产生的。

由此看来,"0"被印度人所发明,似乎是冥冥之中注定的。

四、印度"阉人"

在印度,有一个很特殊的人群,他们常常出现在一些婚丧嫁娶的场合,化着浓妆,穿着鲜艳的纱丽,但脸上却有明显的男性特征,这些人就是印度人所说的神的舞者"海吉拉斯",也被称为阉人。

可以说,"海吉拉斯"是一种特有的职业。在印度,一些男孩在10~15岁的时候,通过正式的宗教仪式被阉割,之后就作为"海吉拉斯"。一般情况下,男孩要成为"海吉拉斯",必须出于自愿或得到家长的同意。他们要请一位年长的"海吉拉斯"做自己的导师,入门后,学生要承诺服从和忠诚于自己的导师,称自己的导师为"母亲"。

作为宗教的产物,"海吉拉斯"在印度教中有着比较高的地位。过去,他们主要为皇室、贵族和军队跳舞祈福。现在,"海吉拉斯"的主要工作就是在婚丧嫁娶的场合为主人祈福、驱邪避祸。传统上认为"他们是神的使者,会保佑新人多子多福"。

关于"海吉拉斯"的来历,可以在《罗摩衍那》中找到答案。在《罗摩衍那》中,罗摩放弃王位离开王宫,在森林里苦修14年。在这14年中,王宫中所有的男女仆人都离开了,只有一个被阉割的仆人等待了14年,一直等到主人归来。后来,这个仆人就成了"海吉拉斯"的始祖。因为"海吉拉斯"与罗摩有关,而且也得到了罗摩的祝福,因此,印度教教徒认为"海吉拉斯"具有法力,是吉祥的人,能为人带来好运、驱除厄运,而遭到其诅咒的人就会失去性能力。

然而,随着社会的发展,"海吉拉斯"如今已不再受到宗教的控制,逐渐演变为一个生活方式另类的人群。作者在印度留学期间,在火车上必定能碰到这样的人,他们三五人为一组,在火车上讨要。老远看上去是很漂亮的女性,等到走近就能看见化妆品掩盖不住的胡须、喉结等。他们故意说话细声细气,但掩盖不住男性的声音。如果你给他们的钱少,他们就会不高兴,口称"我们不是乞丐",意思是要尊重他们,至少得给 10 卢比,10 卢比相当于人民币的 2.5 元。据车上有些当地旅客讲,他们有同性恋倾向,生活颇为污浊。现在的"海吉拉斯"已不再像"神的使者"一样纯洁了,他们自身的队伍也日益复杂,他们逐渐被社会淡忘甚至抛弃了。但在一些地方的农村,他们仍有很多信徒。

五、"红头阿三"之由来

小时候就听过"红头阿三"、"印度阿三"这样的称呼,一直很奇怪,为什么叫印度人为"印度阿三"或"红头阿三"呢?一直觉得这称呼好像有些许不尊重人的意味。于是,便有了探究的想法。

关于"阿三"的称呼有以下几种说法:

一说是那时的人形容猴子为"阿三"(原因不得而知),在中国人看来,只要是洋人,都有着像猴子一样的形貌举止,尤其是印度人,他们的面部都很黑,不像黄皮肤的人,由于民族的优越性作祟,觉得比印度人好,因此称印度人为"阿三"。

一种版本说,是因为印度人是亡国奴,在上海人眼中的地位低于西捕和华捕,排在第三位,所以为"阿三";还有一种版本说,印度人说英语时经常会出现口头禅"I say",而其谐音为"阿三"。所以只要是印度人,就被称为"印度阿三"。

另外一种说法是:"印度阿三"是由"红头阿三"演变过来的。关于"红头阿三"的来历,也有两种说法,一是 "红头阿三"本身语源就是上海地方话;一是上海人一向习惯在单音节的字前面添加一个"阿"字,而人们称呼警察一般为阿 Sir,所以上海人叫着叫着,就把阿 Sir 叫成了阿三。而关于"红头"的说法则是:因为凡是属于印籍的巡捕都头缠红巾,因为他们信仰锡克教,所以印度人有了"红头"的称号,和"阿三"合在一起,印度人就变成了"红头阿三"。

作者就这个问题向专门研究印度锡克教的学者张占顺先生请教过。他认为,印度人说话最容易说"阿查,阿查"(相当于汉语里的"好的,好的")。由于当时在上海当巡捕的印度人大多数是锡克人,"阿三"就成了上海人说

"阿查"的讹音。过去中国人对印度人的装束了解不够,误以为印度人都是大胡子,都用头巾裹头。所以"阿三"(锡克人的形象)就成了印度人的象征。

结　语

　　与其说是结语，倒不如说是初识印度的感悟。

　　以前，提起印度，跟大多数人对其的印象差不多，基本上都是"贫穷"、"脏"、"乱"、"差"，或者是从电视媒体上得知的"动荡不安"等等。印度其实是个神秘迷人的国度，初次听到这种说法，有些许困惑。于是，就有了探究的想法，开始观察印度社会里的一些符号，开始读相关书籍、看纪录片等。随着对印度一步步地了解，困惑反倒加深了。印度人的宗教理念、生活观、价值观以及行为方式等等，都使我更加迷茫和不解，这究竟是一个怎样的民族？

　　更多的接触和思考后，对印度人各种各样的信仰和崇拜，由起初的不解到了如今的豁然开朗。我没有宗教信仰，但我由衷地赞叹印度人的信仰和崇拜，赞叹印度这个神秘国度悠久的历史和深厚的文化底蕴。

参考文献

［1］百度百科.瑜伽语音冥想. http://baike.baidu.com/view/1072360.htm.

［2］百度百科.咒语.http://baike.baidu.com/view/82728.html?tp=0_01.

［3］陈峰君. 印度社会述论. 北京：中国社会科学出版社，1991.

［4］Gautam Chatterjee，Sanjoy Chatterjee. Sacred Hindu Symbols. India：Abninav Publications，1996.

［5］G. S. 古尔耶.印度的种姓和种族.北京：时事出版社，1979.

［6］王树英.印度文化与民俗. 北京：中国社会科学出版社，2007.

［7］黄文，王慧.印度神话.北京：中国林业出版社，2007.

［8］马加力，尚会鹏.一应俱全印度人.北京：时事出版社，1998.

［9］街顺宝.绿色象征：文化的植物志.昆明：云南教育出版社，2000.

［10］刘晓晖，杨燕.永恒的轮回——印度神话. 北京：中国青年出版社，2003.

［11］毛世昌.印度文化概论.兰州：兰州大学出版社，2009.

［12］毛世昌.印度文化词典.兰州：兰州大学出版社，2010.

［13］奇妙印度，圣洁的生殖崇拜. http://travel.163.com/06/0814/20/2OGUL2PR00061Q2M.html

［14］孙士海，葛维钧.列国志——印度.北京：社会科学文献出版社，2003.

［15］杨学祥.印度文化神秘之谜.北京：解放军文艺出版社，1994.

［16］王惕.中华美术民俗.北京：中国人民大学出版社，1996.

［17］玄奘.大唐西域记——西天取经的历险故事.宋强，译.上海：上海社

印度神秘符号

193

会科学院出版社,2003.

[18] 隐藏的神秘之第三只眼的秘密.http://www.docin.com/p-4203993.html.

[19]姚彦芳.国外的服饰.北京:中国社会出版社,2006.

[20]西代锡,陈晓红.失落的文明:古印度.上海:华东师范大学出版社,2003.

[21]钟朝辉.心灵的异境——从尼泊尔到印度.广州:广东旅游出版社,2006.

[22]周道.神秘的卍字符.http://www.360doc.com/content/10/0216/21/633581_15958498.shtml.

[23]Rai Govind Chandra. Indian Symbolism. New Delhi: Munshiram Manoharlal Publishers Pvt Ltd., 1996.

[24]Madhu Khanna. Yantra. London: Thames Hudson, 2003.

[25]Bhagwan Dash. Indian Aphrod Isiacs. New Delhi: Lustre Press Roli Books, 2001.

[26]L. R. Chawdhri. Yantra, Mantra And Trantra. New Delhi: New Dawn Press, Inc., 2006.

[27]Karel Werner. Symbols in Art and Religion. Delhi: Motilal Banarsidass Publishers Pvt. Ltd., 1990.

印度神秘符号